Libros de Norberto Fuentes

Condenados de Condado
Cazabandido
Posición uno
Heminway en Cuba
Nos impusieron la violencia
Reencuentro con Heminway
El último santuario
Los hijos del enemigo
Dulces guerreros cubanos

NARCOTRÁFICO Y TAREAS REVOLUCIONARIAS

EL CONCEPTO CUBANO

COLECCIÓN CUBA Y SUS JUECES

EDICIONES UNIVERSAL, Miami, Florida, 2002

NORBERTO FUENTES

NARCOTRÁFICO Y TAREAS REVOLUCIONARIAS

EL CONCEPTO CUBANO

Prólogo de Ernesto F. Betancourt

Copyright © 2002 by Norberto Fuentes
Prologue copyright © 2002 by Ernesto F. Betancourt

Primera edición, 2002

EDICIONES UNIVERSAL
P.O. Box 450353 (Shenandoah Station)
Miami, FL 33245-0353. USA
Tel: (305) 642-3234   Fax: (305) 642-7978
e-mail: ediciones@ediciones.com
http://www.ediciones.com

Library of Congress Catalog Card No.: 2002103589
I.S.B.N.: 0-89729-987-6

Corrección: Sara Calvo

Diseño de la cubierta: Aldo Menéndez
Cover illustrations copyright © 2002 by Aldo Menéndez

Preparación final diseño cubiertas: Luis García Fresquet

Heil! Soren Triff

Todos los derechos
son reservados. Ninguna parte de
este libro puede ser reproducida o transmitida
en ninguna forma o por ningún medio electrónico o mecánico,
incluyendo fotocopiadoras, grabadoras o sistemas computarizados,
sin el permiso por escrito del autor, excepto en el caso de
breves citas incorporadas en artículos críticos o en
revistas. Para obtener información diríjase a
Ediciones Universal.

El autor deja constancia de su gratitud a Ernesto F. Betancourt por su determinación con este trabajo, por los comentarios –más que inquisitivos, inquisitoriales– y por los aportes.

Contenido

Prólogo de Ernesto F. Betancourt / 13

Introducción: La Historia revisada por Fidel revisada / 31

Las armas del enemigo / 37

    1. El país blando: ENERO 1 – AGOSTO 15, 1959 / 45

    2. El fin de la inocencia: OCTUBRE 29, 1959 – CIRCA OCTUBRE 1965 / 61

    3. Internacionalismo: ABRIL 24, 1965 – NOVIEMBRE 10, 1971 / 71

    4. Las misiones de Fidel: 1971 – 1979 / 85

    5. Narcotráfico y tarea: 1980 – VERANO 1985 / 101

    6. La Habana, sus secretos: 1986 – 1988 / 118

    7. Operación Preludio: ENERO 9 – MAYO 26, 1989 / 138

    8. El proceso: MAYO 29 – AGOSTO 16, 1989 / 151

    9. Dejando de ser noticia: AGOSTO 24, 1989 – FEBRERO 21, 1998 / 169

Epílogo: Cuando tus muertos cumplan 10 años / 185

Una cronología comparativa / 192

Lecturas, recursos / 202

Glosario / 209

El Canal de las Bahamas, por su proximidad a las costas de Estados Unidos, se ha convertido en zona preferida de los narcotraficantes para hacer llegar sus cargamentos de drogas a las costas de ese país. Los aviones dejan caer sus cargas sobre las aguas en las proximidades de esa ruta, donde son recogidas por lanchas rápidas de tres potentes motores que se desplazan a casi 100 kilómetros por hora. Operaciones similares se realizan entre embarcaciones de mediano porte y las lanchas rápidas. Las mismas se escapan casi todas... Por ello en los últimos tiempos han cobrado auge las actividades del narcotráfico internacional en las aguas de esa área... Cuba tiene más de 1,200 kilómetros de largo, ubicada entre el canal de Yucatán y el estrecho mar que la separa de Haití. Este país es el único punto donde se pueden controlar realmente las aguas internacionales y sus propias aguas al sur de las extendidas islas de las Bahamas que, por su proximidad a las costas de Estados Unidos, se prestan... a la actividad de los narcotraficantes.

FIDEL CASTRO EXPLICANDO
JULIO 26, 1999

Prólogo

Cuando recibo de un amigo, cuyo nombre debo mantener en el anonimato por razones de seguridad, las notas cronológicas que sirven de base a este libro para comentarlas, mi primera reacción fue de escepticismo. Había terminado de leer el libro del autor, *Dulces Guerreros Cubanos,* y pensé que este material, que inicialmente estuvo anexo a dicho libro, también tenía un alto contenido erótico. Para mi sorpresa, el material que había enviado el autor contenía una cronología altamente valiosa sobre una serie de hechos que mostraban los amplios vínculos del régimen de Castro con el narcotráfico y con actividades subversivas hasta ahora inéditas.

Abandonando mi escepticismo inicial, consideré aconsejable su publicación no tan sólo en español sino también en inglés y en tal sentido inicié una serie de gestiones aquí, en Washington, y en Miami. Luego llegué a un acuerdo con el autor para reordenar y ampliar el texto, poniendo el foco en los motivos de Fidel para ejecutar a Ochoa y sus colegas, que era encubrir su papel en el narcotráfico. El resultado de esa colaboración es esta publicación.

Por tanto, este prólogo se escribe, de acuerdo con el autor, como complemento a la información cronológica provista en las notas. En sus notas cronológicas, que ofrecen un crescendo informativo y una trama que desemboca en el juicio de la Causa #1 de 1989, Norberto Fuentes pone a disposición del lector su narrativa sobre una serie de acontecimientos a los que tuvo acceso por vía de sus vínculos personales con los hermanos De la Guardia, en base a conversaciones en Cuba y Angola y cartas recibidas de Patricio cuando ya estaba preso, y con el general Arnaldo Ochoa, tanto en Cuba como en Angola, así como su participación personal en muchos de esos eventos. Otros incidentes los conoce por relatos que le han hecho amigos del MININT y el MINFAR, que participaron en ellos.

El lector se beneficia también de lo que sabe alguien que era un «insider» dentro del gobierno, con acceso directo por mucho tiempo a los dos hermanos Castro, a Carlos Aldana Escalante (Secretario Ideológico del PCC), a Alcibíades Hidalgo Basulto (Jefe de Despacho de Raúl Castro en el PCC) y vecino suyo en el edificio de apartamentos de los generales–, al general de División Raúl Menéndez Tomassevich (Jefe de la Asociación de Combatientes), que estuvo destacado en Angola, al general de División Pascual Martínez Gil (viceministro primero del Ministerio del Interior) y al coronel Filiberto «Felo» Castiñeiras (Jefe de Despacho de Pascual Martínez Gil).

Una de las tareas centrales de mi labor fue precisamente indagar con el autor sobre la fuente de estas revelaciones. Las notas, hechas para su uso personal, en muchos casos daban por descontada la fuente y eran parcas en detalles, pero para publicarlo era necesario ser preciso en las fuentes y ampliar los detalles. El autor tuvo una actitud altamente cooperativa y cordial ante este, a veces irritante, proceso indagatorio. Algunas fuentes se pueden revelar sin mayores problemas, pero en otras, la seguridad de las personas involucradas no lo permite.

En este prólogo, vamos a comentar sobre el impacto de estas revelaciones en las hipótesis que se pueden considerar en cuanto a las relaciones del régimen castrista con el narcotráfico, sobre la amplitud y diversidad de las tareas revolucionarias realizadas por los servicios de inteligencia cubanos al servicio de la ambición de Castro por jugar un papel en la historia mundial y, finalmente, sobre el fallo de la prensa internacional en cubrir los acontecimientos dentro de Cuba.

Además, vamos a explicar cómo el autor se vio involucrado en estos acontecimientos, por qué Fidel Castro no quería que el mundo supiera lo que aquí se narra, y las circunstancias afortunadas y excepcionales que le permitieron a Norberto Fuentes escapar y escribir libremente. De más está decir que otros lectores pueden llegar a conclusiones distintas a las expresadas en este prólogo. Los invitamos a que así lo hagan.

El proceso Ochoa y los vínculos de Castro con el narcotráfico

En junio de 1989, cuando se supo que se había arrestado al general Arnaldo Ochoa, junto con otros altos oficiales del MINFAR y el MININT, la primera reacción fue de que, en alguna forma, este hecho estaba vinculado al Glásnost y la Perestroika. El jefe de Estado soviético, Mihail Gorbachev, recién había visitado Cuba y se sabía que el general Ochoa tenía fuertes vínculos profesionales con los generales soviéticos, no tan sólo a resultas de sus estudios en academias militares en la URSS, sino a nivel operativo en las campañas de Etiopía y Angola.

El propio discurso patético de Raúl Castro el 14 de junio de 1989, anunciando el arresto del general Ochoa ante un auditorio desconcertado de altos oficiales de las Fuerzas Armadas Revolucionarias, alimentaba esa hipótesis. En esa oportunidad, Raúl Castro no dio indicio alguno de que la cuestión del narcotráfico estaba envuelta. Es más, la ceremonia había sido convocada inicialmente para festejar un aniversario de la creación del Ejército de Occidente. Como ya se conocía que el general Ochoa había sido designado para hacerse cargo del Ejército de Occidente, el más importante por incluir la capital de la República y tener el mejor armamento en cantidad y calidad, su ausencia no pasaría inadvertida y había que explicarla. De ahí que Raúl eche a un lado el discurso que tenía preparado y se embarque en su desafortunada y desarticulada diatriba improvisada.

Poco después, viene el Tribunal de Honor para desacreditar a Ochoa ante los ojos del pueblo cubano, el juicio sumarísimo en el cual actuó como fiscal el general Juan Escalona, la sesión del Consejo de Estado del 9 de julio para considerar si se conmutaba la pena de muerte, ocasión en que habló el propio Fidel Castro, y la ejecución de Ochoa, Tony de la Guardia, el ayudante de Ochoa, Capitán Jorge Martínez, y uno de los segundos de Tony, el mayor Amado Padrón del MININT, el 13 de julio de 1989. Sólo un mes le tomó a Castro destruir a Arnaldo Ochoa física y moralmente como figura militar prominente del régimen.

Ahora sabemos que, durante ese período, Fidel Castro comisionaba repetidas encuestas a través de los llamados estados de opinión, que es su medio de palpar la opinión pública cubana, para ver la reacción del pueblo ante esta campaña para destruir a uno de los más prestigiosos y populares oficiales que habían surgido de la Revolución. La primera encuesta sorprendió y asustó a Fidel Castro, un 98 por ciento expresó simpatía por Ochoa. Esto lo convenció de la necesidad imprescindible de que el incidente terminara con su ejecución. La ejecución no se llevó a cabo hasta que había bajado lo suficiente el apoyo a Ochoa, aunque, aun así, Fidel tuvo que reconocer al confirmar la pena de muerte que las encuestas revelaban que el pueblo cubano no aprobaba una sanción tan severa.

Era posible especular que, en alguna forma, el general Ochoa estuvo involucrado en una conspiración con los soviéticos. Era sorprendente la pasividad soviética ante el ajusticiamiento de uno de sus mejores aliados dentro de la jerarquía militar cubana, hubiera o no estado conspirando con ellos. En una ocasión, ya desintegrada la URSS, el Sr. Pavlov, que había sido el Subsecretario de Relaciones Exteriores Soviético para América Latina en esa época, contestó con evasivas cuando le hice esa pregunta. Esta hipótesis se basaba, en cierta forma, en la analogía de esa posibilidad con la acusación que había hecho Erich Honecker, el líder de Alemania Oriental, de que el secretario general Gorbachev había promovido la caída de Ceausescu en Rumanía al alentar una conspiración militar por medio de la GRU, la Agencia de Inteligencia Militar soviética. Esta hipótesis se asentaba, además, en la versión que había llegado a *Radio Martí* en aquella época de que el general Ochoa estaba en las etapas iniciales de obtener información sobre lo de las drogas para justificar un golpe militar contra Fidel ante la opinión pública cubana.

Pero las revelaciones de las notas en la cronología de Norberto Fuentes, lejos de validar esa hipótesis, la cuestionan seriamente, haciéndola desechable. Ochoa efectivamente estaba envuelto en un esfuerzo por crear sus propios vínculos con Pablo Escobar, el traficante colombiano, con miras a establecer una planta de procesamiento de cocaína en Angola para desde allí hacer envíos a Estados Unidos y Europa a través de una red de distribución que él aspiraba le iba a establecer el coronel Tony de la Guardia. Ochoa no sabía o no dio importancia a que Tony fungía como mano derecha de los hermanos Castro en el manejo de operaciones para obtener moneda convertible a través de dependencias del MININT bajo la supervisión directa del Ministro José Abrantes. Esto hace poco factible la hipótesis tentadora que ofrecen los amigos de Castro, como Gabriel García Márquez, y funcionarios ingenuos del Gobierno americano, como el ex Zar de la Droga, general Barry McCaffrey, de que Fidel no estaba implicado en el tráfico de drogas y que su acción contra Ochoa y sus colaboradores así lo demostraba.

Las relaciones de Castro con el tráfico de drogas a través de Cuba y en el lavado de dinero son más que confirmadas por hechos anteriores y posteriores al juicio de Ochoa y han sido motivo de acciones legales en los tribunales de Estados Unidos. Norberto Fuentes agrega detalles reveladores en su narrativa que dan validez a esta hipótesis.

De acuerdo con Fuentes, en 1980 se suspendieron unas operaciones de tráfico de marihuana cuando el entonces Ministro del Interior, Ramiro Valdés, pidió órdenes por escrito del Comandante en Jefe para continuar dichas operaciones. Fuentes revela que Castro estuvo envuelto en los tratos con Vesco y con el M-19 de Colombia/Jaime Guillot Lara, casos objeto de grandes jurados en Estados Unidos. En 1983, Castro planteó a Tony de la Guardia y a otros funcionarios del MININT la necesidad de demostrarle la factibilidad de hacer operaciones de drogas en forma tal que permitiera negar su implicación y le ordenó iniciar los contactos con Pablo Escobar. Paralelo a estas operaciones, hay notas sobre crecientes contactos con los carteles mexicanos para operaciones de gran envergadura en los que la participación de Tony de la Guardia es más tangencial, pero no pueden tener lugar sin el conocimiento y la aprobación de Fidel Castro.

Esta implicación directa de Castro continúa mucho después del fusilamiento de Tony de la Guardia. El contrabandista Jorge «Gordito» Cabrera, actualmente cumpliendo una sentencia de diecinueve años, fue capturado en los Cayos de Florida, en enero de 1996, con 6,000 libras de cocaína y una foto de él con Fidel Castro. Esto alcanzó gran publicidad cuando, durante el escándalo sobre contribuciones ilegales a la campaña del Presidente Clinton, se descubrió que Cabrera había contribuido con $20,000 a dicha campaña y había sido invitado a una fiesta de Navidad en la Casa Blanca, donde se retrató con la Primera Dama, y a otra en Miami, donde se retrató con el Vice Presidente Al Gore.

Por su parte, de acuerdo con el periodista Andrés Oppenheimer, las autoridades mexicanas encontraron vínculos del Rey de los Cielos[1], Amado Carrillo Fuentes, con el régimen cubano. Este disfrutaba de una casa de protocolo del Gobierno de Cuba durante sus visitas a la Habana, privilegio que cualquiera que sepa cómo se gobierna Cuba sabe es imposible de obtener sin la aprobación del propio Castro. Estas casas son asignadas personalmente por Fidel Castro y la administración de esas propiedades es una de las funciones de su Jefe de Despacho, el Dr. José M. Miyar Barruecos.

Finalmente, en este caso, lo que pudiera llamarse el «smoking gun», de acuerdo con el argot policiaco, es el incidente ocurrido el 18 de enero de 1991 en la prisión de Guanajay, que albergaba tanto a los procesados en el caso Ochoa como en el caso Abrantes. En esa oportunidad Abrantes, antiguo Ministro del Interior, le confesó al general Patricio de la Guardia, cuyo hermano gemelo Tony fue uno de los ejecutados por Fidel Castro, que él mantenía a Fidel Castro informado de todas las acciones de su Ministerio relacionadas con el tráfico de drogas. Patricio reaccionó violentamente ante esta evidencia que confirmaba que su hermano había sido fusilado por cumplir misiones aprobadas por Fidel. Esta indiscreción de Abrantes ocasiona su misteriosa muerte el 21 de enero de 1991, tres días después, a causa de un fallo cardíaco que, en el mejor de los casos, no fue atendido debidamente por sus carceleros y, en el peor, fue ocasionado deliberadamente por las inyecciones que le daban éstos.

---

[1] Así le decían a Amado Carrillo.

Pero, aparte de revelar que Castro sí ha estado y sigue estando envuelto en el tráfico de drogas, las revelaciones, hasta ahora inéditas, de Norberto Fuentes, alimentan una hipótesis adicional sobre el caso de Ochoa. En vista de toda la evidencia aportada en esas notas, es razonable asumir que Ochoa estaba convirtiéndose en una amenaza para el monopolio de poder de Castro. Esto se deduce claramente del incidente ocurrido el 28 de mayo de 1989 descrito en la narrativa de Fuentes. En esa oportunidad, Raúl Castro, en presencia de los generales Ulises Rosales del Toro y Abelardo Colomé (Furry), se reúne con el general Ochoa, ya bajo arresto preventivo, y lo increpa en relación con cuatro temas:

- Su *juntadera* con los generales soviéticos en Angola (en momentos en que Castro ya había dado órdenes al Ministro del Interior de seguir a los soviéticos en Cuba por desconfiar de sus contactos con funcionarios y oficiales cubanos);
- Su desobediencia de las órdenes de Fidel en la última fase de la guerra en Angola (Ochoa se concentró en atacar a las fuerzas de Savimbi y Fidel quería que atacara a los sudafricanos);
- El que hubiera apoyado la operación de ataque a la guarnición militar La Tablada, en Buenos Aires, sin haber consultado a la alta jerarquía del régimen (Ochoa había conocido a Gorriarán, el guerrillero argentino que lideró esa violenta acción, en Nicaragua y se habían hecho amigos); y, finalmente,
- Sus esfuerzos por crear su propia organización para el tráfico de drogas en alianza con Pablo Escobar (lo que interfería con las mucho más amplias operaciones de narcotráfico que ya estaban en camino a través de Raúl y el Ministro del Interior, José Abrantes, con pleno conocimiento y aprobación del propio Fidel).

Como puede apreciarse, la agenda anti-Ochoa era muy amplia. De hecho, constituía una respuesta al reto que él representaba al liderazgo de Castro en muchos frentes. La confirmación de este reto, que se acentúa con su regreso a Cuba y la intensificación de contactos con Pablo Escobar, coincide con las sentencias dictadas en el caso de los Ruiz en los tribunales de Florida el 23 de abril de 1989. Este caso envolvía operaciones de tráfico de drogas que se estaban efectuando regularmente a través de Cuba, las cuales eran imposibles de llevar a cabo sin la aprobación de Raúl y, por consiguiente, del propio Fidel. El dictador panameño Manuel Noriega advirtió a Castro que él era el objetivo en el caso de los Ruiz.

Castro decidió matar dos pájaros de un tiro. Ejecutando a Ochoa y sus principales colaboradores acusándolos de tráfico de drogas, silenciaba toda alusión a la implicación de él y su hermano Raúl en esas operaciones, y justificaba su inocencia, al mismo tiempo que se libraba de un peligroso rival potencial por el control del poder.

En este esfuerzo confiaba, además, en el apoyo incondicional que siempre ha tenido en los medios masivos de comunicación estadounidenses de simpatizantes o agentes de influencia como Ted Turner de CNN, Dan Rather de CBS y Peter Jennings de ABC, así como de algunos reporteros en los líderes de la prensa liberal como *The Washington Post* y *The New York Times*. Fidel Castro esperaba que esa interpretación, avalada por escritores como el premio Nóbel Gabriel García Márquez, iba a prevalecer en la opinión pública americana. Y así ha sido hasta ahora.

TAREAS REVOLUCIONARIAS INÉDITAS

Las notas cronológicas de Norberto Fuentes no se limitan a la implicación del régimen cubano al más alto nivel en actividades de tráfico de drogas. También nos ofrecen detalles sobre casos adicionales a los mencionados en los libros de reciente publicación por Jorge Masetti, el yerno de Tony de la Guardia, y Benigno, uno de los sobrevivientes de la guerrilla del Che en Bolivia, en relación con diversas tareas revolucionarias en que Cuba ha estado envuelta, inclusive dentro de Estados Unidos. La gama de incidentes es sorprendente. Incluye tareas muy diversas.

Una operación de exfiltración de uno de los plomeros del Watergate desde Jamaica a Cuba para una entrevista con Fidel Castro, y su posterior regreso a Jamaica. La penetración de la operación de asesoramiento de la CIA en Uruguay por un subordinado de Tony de la Guardia, que se relaciona con el secuestro y ejecución de Dan Mitrione por los Tupamaros. Los esfuerzos infructuosos del FBI por lograr una reunión familiar entre Tony de la Guardia y su hermano Mario cuando, con pleno apoyo del Gobierno de EUA, se promovieron los viajes de la comunidad cubano-americana a Cuba. El lavado de dinero de rescate de secuestros hechos por los Montoneros en Argentina, ascendentes a decenas de millones de dólares, y del saqueo del Líbano por los palestinos de Arafat, que se estimaba pudiera llegar a mil millones de dólares.

Además, hay anécdotas sobre la vinculación de Arnaldo Ochoa, Patricio y Tony de la Guardia con hechos importantes en América Latina, como la guerra civil en Nicaragua, las guerrillas en Venezuela, los esfuerzos por interferir con el apoyo de la CIA a los Contra desde sus bases en El Salvador, el apoyo a la guerrilla salvadoreña y el disgusto por y socavación de la fórmula democrática de llegar al socialismo de Salvador Allende en Santiago, Chile.

Por otra parte, revela que el ataque a la guarnición de La Tablada fue hecho con ayuda de Ochoa a espaldas de Fidel Castro. En África, el incidente inédito más dramático, y más vergonzoso para Cuba, es la participación de instructores cubanos de las FAR en la masacre de 200 oficiales etíopes del Derg que cuestionaban a Mengistu Haile Mariam, el líder etíope aliado de Fidel Castro. Para no mencionar el descubrimiento por Patricio de la Guardia de los desechos nucleares sepultados en Angola por los franceses.

Estas tareas revolucionarias inéditas, narradas ahora por primera vez por Norberto Fuentes, incluyen muchas acciones que reflejan una profunda hostilidad y resentimiento de Fidel contra los Estados Unidos, así como tareas insólitas en territorio americano. Por ejemplo, en varias ocasiones Fidel Castro ha ordenado el fusilamiento de individuos capturados en acciones de infiltración por el mero hecho de ser ciudadanos americanos. Cuando la operación de Granada en 1983, Castro dio órdenes de secuestrar a los estudiantes americanos en la escuela de medicina sita en la isla. El incumplimiento de esta orden fue una de las causas que se invocó contra el coronel Tortoló, comandante de las tropas cubanas en dicha isla, durante el juicio que culminó en su degradación al grado de soldado raso.

Pero, de acuerdo con las notas de Norberto Fuentes, la hostilidad de Castro contra Estados Unidos se refleja, en su versión más virulenta, en la esperanza de que, antes de que termine su régimen, él podrá encabezar una guerra contra fuerzas americanas y, en particular, llevar la lucha a territorio continental americano. Entre las operaciones contra fuerzas americanas contempladas por Fidel Castro, están planes contingentes para atacar la base aérea de Homestead y la planta nuclear de Turkey Point, operaciones ya descritas ampliamente en sus memorias por el general Rafael del Pino, que fue encargado de elaborar los planes, así como las instalaciones americanas en el Canal de Panamá. Además, ha comisionado planes para atacar la base naval de Guantánamo y estudios de las corrientes de agua desde el Estrecho de Florida a la costa Este de los Estados Unidos con vistas a enviar, cuando sea oportuno, minas que afecten la navegación en esas rutas y puertos, así como la introducción de virus para causar epidemias. La ingenuidad de la comunidad científica americana ha permitido a Castro obtener la cooperación, y hasta el financiamiento, de entidades como el Smithonian en estas investigaciones.

El fallo de la prensa internacional

Uno de los aspectos más preocupantes de estas revelaciones es el fallo de la prensa libre del mundo occidental, en especial la de Estados Unidos, de cumplir con su misión informativa en el caso de Cuba. Ese fallo informativo alimenta la confianza de Fidel Castro en que puede escapar a las sanciones y hasta distorsionar a su antojo los hechos ante la opinión pública americana y consiguientemente del mundo occidental.

Por ejemplo, en estas notas cronológicas de Norberto Fuentes hay mención de cuatro incidentes inéditos de rebelión en las Fuerzas Armadas Revolucionarias. El primero tuvo lugar en 1959, a trece días de la fuga de Batista, cuando soldados del Ejército Rebelde acantonados en Managua, en las afueras de La Habana, protestaron porque se les negó el derecho a llevarse las armas que portaban a sus casas; además, hubo reclamos por pagos y otras cuestiones. Ese episodio fue fugaz y es comprensible que, en medio del caos imperante en esos momentos, no tuviera mayor resonancia. Inclusive los que estábamos en el gobierno revolucionario en aquellos días no tuvimos conocimiento de esos hechos.

El segundo episodio inédito de rebeldía de tropas tuvo lugar en la División 50, destacada en la Provincia de Oriente, en el año 1965.

Fidel se desplazó en persona a Baraguá en el perímetro de la base y envió tres oficiales de confianza a dialogar con una representación de la tropa que se había rebelado. Los cuatro soldados que representaban a los sublevados presentaron su pliego de quejas por abusos de los oficiales y las adversas condiciones en que tenían que vivir. Los cuatros emisarios son ejecutados en el acto por órdenes de Fidel y la sublevación terminó instantáneamente.

El tercero se produce en el año 1978 y tiene lugar en Etiopía después de la victoria del Ogadén. Un batallón se rebela por razones similares a las de la División 50, con el agregado de deseos de que se les retorne a Cuba al haber terminado la guerra. Ochoa es quien controla la situación y Fidel ordena se regrese el batallón entero a Cuba, desarmado y en un buque bajo el control absoluto de una unidad reforzada de la Contrainteligencia Militar (CIM). Fidel se reúne con ellos al llegar a Cuba, ordena la disolución del batallón, y promete que se investigarán sus quejas. No hay ejecuciones y les pide mantener el incidente en secreto, lo que han hecho.

Finalmente, poco después del juicio y fusilamiento de Ochoa, en noviembre de 1989, se produce un alzamiento en la Escuela de Oficiales de las Fuerzas Blindadas en Managua. Se combate toda la noche y Norberto Fuentes reporta 20 muertos. Clamaban por justicia. No hay más información sobre las causas.

Estos hechos hubieran resultado en reportajes de la prensa internacional en otros países. Por muchos años ha habido representación permanente en Cuba de agencias de noticias como la EFE española, la Reuters británica y la France Presse francesa. Últimamente se han establecido oficinas de la CNN, la AP y algunos periódicos. La presencia de estos reporteros se ha justificado como una victoria para la libertad de prensa. Pero eso no ha resultado en una cobertura agresiva y vigorosa de la realidad cubana porque estos corresponsales son, de hecho, rehenes de los intereses económicos y periodísticos de sus empresas.

Además, ocasionalmente se ha permitido a corresponsales individuales hacer visitas puntuales, cuya repetición está condicionada a la buena conducta de los medios respectivos en la cobertura que ofrezcan. Así, ni a *The Miami Herald* ni a *Univisión* se les permitió enviar reporteros a cubrir la visita del Papa porque su cobertura en el pasado no satisfacía las expectativas de las autoridades cubanas. Finalmente, el premio mayor a la buena conducta de un medio de comunicación internacional es una entrevista con el Máximo Líder.

Un ejemplo de ese trato contingente y extorsionista se hace evidente en el caso de Tad Szulc, antiguo corresponsal del *The New York Times*, a quien le dieron acceso a Cuba y a los archivos del partido para su biografía de Fidel. De haber escrito reportajes que el régimen considerara no aceptables, nunca se le hubiera permitido la entrada a Cuba y mucho menos darle acceso a archivos del régimen para escribir una biografía de Castro. Esa cooperación llegó a un fin abrupto, sin embargo, a resultas de un incidente narrado en una revelación inédita de Norberto Fuentes.

En agosto de 1985, la hija de Tad Szulc –Nicole– productora de NBC-Miami, trasmite un programa en que por primera vez se muestra a Robert Vesco en el patio de una casa del apartado barrio habanero de La Coronela. Esto ocurre precisamente cuando Fidel era anfitrión de una conferencia sobre el repudio de la deuda externa. De más está decir que Fidel enfureció y explotó en acusaciones contra la prensa en una declaración televisada. Pero su furia era artificial. Lo que es inédito de este incidente es que el equipo de NBC había estado bajo observación de la Seguridad del Estado todo el tiempo: por tanto Fidel sabía lo que habían hecho cuando lo estaban haciendo. Los reporteros de NBC fueron filmados por la Seguridad del Estado cuando estaban frente a la casa de Vesco. Es más, el teniente Orlando Cowley, de la Dirección de Operaciones Especiales del MININT, tenía órdenes de impedir la salida del avión en que viajarían de regreso Nicole y sus colegas de NBC. Sólo una orden del propio Fidel Castro, a última hora, evitó un serio incidente con la prensa internacional.

Castro ha convertido el manejo de la prensa internacional en un arte y eso ha servido para que no se dé atención a hechos como los que relata Norberto Fuentes en sus notas cronológicas. Castro tiene la convicción, justificada por la experiencia de décadas, de que con paciencia y persistencia Cuba puede manipular la imagen sobre cualquier tema que le interese.

Cuando *Radio Martí* salió al aire en 1985, empezamos un programa titulado Cuba sin Censura, cuya misión era hacer periodismo investigativo precisamente para revelar ese tipo de hecho. El primer programa de esa serie se refería a lo que se llamó la Masacre de Canímar. Ese hecho, ocurrido en 1980 durante la crisis del Mariel, envolvía el hundimiento de un barco que hacía cruceros turísticos por el río Canímar. Un domingo de ese año, el barco fue capturado por unos reclutas del servicio militar con la intención de escapar a los Estados Unidos. El buque fue atacado por aviones y buques cubanos y hundido en plena Bahía de Matanzas, en presencia de miles de personas que se habían agolpado a lo largo del malecón de esa ciudad. Los heridos y cadáveres fueron llevados al hospital de la ciudad. Se prohibió a la población hacer comentarios sobre el incidente. Sólo la coincidencia de que un periodista local –que había sido testigo de esos hechos y tenía un amigo en la planta de personal de *Radio Martí*– había salido de Cuba en esa época, permitió que esta atrocidad fuera conocida por el pueblo cubano. Claro, con cinco años de retraso. Pero esta historia nunca tuvo eco en la gran prensa mundial.

Algo similar ha ocurrido con la mayor atrocidad cometida por el régimen de Castro, el hundimiento del remolcador 13 de Marzo en las afueras de La Habana, el día 13 de julio de 1994. En esa ocasión, murieron cerca de veinte niños y adolescentes, además de otros tantos adultos, ahogados por mangueras de barcos bomberos del Ministerio del Interior cubano. El incidente es plenamente conocido. La televisión mexicana entrevistó en La Habana a una madre sobreviviente cuyo hijo se le había escapado de las manos a resultas de la turbulencia ocasionada deliberadamente por los buques bomberos y de los chorros de agua que les dirigían con sus mangueras. El asunto ha sido motivo de investigaciones por comisiones de derechos humanos, de la OEA y de las Naciones Unidas. Anualmente, este incidente es motivo de protestas dentro y fuera de Cuba. Pero Castro ha logrado neutralizar esta historia en los grandes medios de comunicación. Lo mismo ha hecho, con mayor éxito aún, en el caso de su implicación con el narcotráfico. Por eso Castro quiso dilatar la salida de Norberto Fuentes de Cuba.

Norberto Fuentes, una amenaza que se subestimó

En el contexto de la crisis que confrontaba Fidel Castro con el caso Ochoa, Norberto Fuentes era un problema menor. No siendo un militar con mando de tropas, no constituía una amenaza o reto a su poder. Sí era un problema potencial que podía dificultar el manejo de la opinión pública internacional en cuanto a sanear su imagen y la de su hermano Raúl del vínculo con las drogas.

Norberto Fuentes es escritor de profesión y hombre de acción por las circunstancias. Inicia sus actividades literarias cubriendo la lucha contra la resistencia al régimen en el Escambray, en lo que se llamaba oficialmente Lucha Contra Bandidos (LCB). Esto resulta en varios libros en base a esta experiencia, *Cazabandido* y *Nos impusieron la violencia*, entre ellos. Irónicamente, estos escritos son mal vistos por la alta jerarquía del MINFAR y el régimen que no quería se supiera nada de lo que allí pasaba y, al mismo tiempo, le gana la hostilidad de los enemigos del régimen, algunos de los cuales todavía no se lo perdonan. Acaba trabajando en la ganadería por un tiempo.

Escribe un libro en 1967, *Condenados de Condado*, que gana el premio Casa de las Américas, a pesar de ser una crítica al Ejército Rebelde, por lo que es posteriormente censurado. Esto le gana la enemistad de oficiales como el general Raúl Menéndez Tomassevich, que estuvo al mando de las fuerzas gubernamentales en el Escambray. Pero, en otra reacción irónica, lejos de entibiar sus relaciones con la jerarquía del régimen, a pesar de coincidir precisamente con el caso Padilla, las mejora. Al oponerse a aceptar la autocrítica que querían imponerle a Padilla, al mismo tiempo que reafirma sus convicciones revolucionarias, Fuentes logra ganar la atención de Fidel Castro. A Fidel le atrajo la imagen de un escritor dispuesto a participar en acciones militares para obtener el material para sus escritos. Raúl Castro hace todavía una amistad más estrecha, visitando con frecuencia su casa.

Al mismo tiempo, este incidente lo rescata de la ganadería y lo lleva de regreso al campo de la literatura, pasando a tener una remuneración del Ministerio de Cultura. Se le asigna recopilar material sobre Hemingway, lo que desemboca en la publicación de *Hemingway in Cuba* y *Ernest Hemingway Rediscovered*. Estas labores literarias lo ponen en contacto por primera vez con Gabriel García Márquez, precisamente en vísperas de ganar éste el premio Nóbel. Pero más importante aún, ha pasado a ser escritor de confianza de la jerarquía cubana, inclusive Fidel Castro llegó a ofrecérselo a Robert Vesco para que lo ayudara a escribir sus memorias. Se le asigna un penthouse en el mismo edificio en que viven los generales cubanos.

En 1981 y 1982 es enviado a Angola por Fidel y Raúl como corresponsal de Prensa Latina para conocer «toda la actividad del GD (General de División) Tomassevich,» que estaba al frente de las operaciones de contrainsurgencia contra Savimbi, y obtener información de primera mano para su narrativa. A resultas de esta labor, recibe la Medalla de Combatiente Internacionalista de Primer Grado y la Medalla de Servicio Distinguido de las FAR. Posteriormente, viaja en varias ocasiones a Angola como enviado personal y hombre de confianza de Fidel y de Raúl, habiendo asistido como miembro de la delegación de Fidel a la Cumbre del Movimiento no Alineados en Harare, Zimbabwe, en 1986.

Es en esta etapa que estrecha vínculos con los hermanos De la Guardia, en particular Tony, a quien introduce a Gabriel García Márquez. Por su parte, el premio Nóbel recelaba de que hubiera otro escritor con acceso a Fidel Castro. Esa era una relación que él prefería constituyera su monopolio. Las actividades literarias de Fuentes sobre la presencia de Hemingway en Cuba, lo ponen en contacto con escritores norteamericanos como William Kennedy. Como culminación de su labor en Angola, es incorporado por Castro a la delegación cubana que participa en las negociaciones para poner fin al conflicto en ese país africano y asiste a todas las reuniones como miembro pleno de la misma.

En marzo de 1989, es puesto bajo vigilancia por los servicios de seguridad junto con otros colaboradores y amigos de Tony de la Guardia. El 29 de abril de 1989, pocos días después de que se produce la sentencia de los Ruiz y se inician pedidos de rendición de cuentas en el MININT sobre las operaciones de tráfico de drogas, Tony viaja a Varadero por sugerencia de Abrantes a liquidar las operaciones que estaban pendientes allí. Regresa con un maletín con $564,000 que entrega a Norberto Fuentes para que se lo tenga a buen recaudo.

El 22 de mayo, Fuentes recibe un recado de Raúl, por medio de Alcibíades Hidalgo, a la sazón Jefe de Despacho en las oficinas de Raúl en el Comité Central del PCC, de que se aleje de Tony y el general Ochoa. Fuentes informa a Hidalgo de la existencia del maletín. En tres ocasiones Tony había hecho retiros de dinero del maletín. Posteriormente, Alcibíades Hidalgo informa a Norberto Fuentes que –excepto el mismo Antonio de la Guardia– ninguno de los acusados lo estaba vinculando a los hechos por los que estaban siendo interrogados. Cuando Fuentes le recuerda la existencia del maletín, Hidalgo –sin consultarlo con Fuentes pero con el deliberado propósito de ayudarlo– arregla que el sobrante final (US $167,000) sea retirado en una operación formal del MININT, cuya acta está incluida entre los anexos. Un mes después, Fuentes es despojado de su penthouse.

En una reunión con Tony en Villa Marista, el 27 de junio de 1989, Fidel instruye a éste que además de no mencionar a la alta dirigencia en sus respuestas en el juicio no diga nada ni de Abrantes, ni de Norberto Fuentes. Al mismo tiempo, le ofrece garantías de que no le va a pasar nada si coopera en eximir a la alta jerarquía de toda responsabilidad en las operaciones de tráfico de drogas. Este pedido se vincula al deseo de proyectar una imagen de que el juicio se limita a la cuestión de unos militares que se habían excedido en su autoridad al vincularse al tráfico de drogas. Así se lo informan a Gabriel García Márquez cuando viene a Cuba, a pedido de Fidel Castro. Esto nos lleva a concluir que, para suerte de Fuentes, Fidel y Raúl habían decidido que fusilar a un escritor daba una dimensión mucho más amplia al caso de la que ellos querían trasmitir. Lo único que querían en cuanto a Norberto Fuentes era silenciarlo para evitar filtraciones que erosionaran la credibilidad de la historia que estaban montando.

De acuerdo con la narrativa de Norberto Fuentes, se le juzgó en ausencia y se le condenó a cinco años de localización dentro de Cuba. Eso permitiría que cuando estuviera libre para hablar, el interés por cualquier información sobre el caso Ochoa se hubiera disipado. Trató de abandonar la isla ilegalmente y fue capturado. Acudió a sus escritores amigos. Uno de ellos, William Kennedy, gestionó una invitación del PEN American Center para Nueva York. El permiso de salida le fue denegado. Se declaró en huelga de hambre y apeló a su amistad con el premio Nóbel Gabriel García Márquez, quien le trajo el mensaje de que Fidel le había prometido *que iba a resolver definitivamente el caso Norberto Fuentes*. Cuando observa que todavía lo seguía la Seguridad del Estado, concluye que la solución definitiva era su eliminación física.

Acude de nuevo a su amigo William Kennedy. En esos momentos, un prominente escritor amigo de éste, William Styron, a la sazón Presidente del PEN, estaba concertando junto con Carlos Fuentes, en esa época Embajador de México en Washington, una cena privada entre el Presidente Bill Clinton y Gabriel García Márquez en la residencia de Styron en Martha's Vineyard. Según lo que se ha podido reconstruir de la secuencia de lo ocurrido a partir de ese momento, Styron, de alguna manera, hizo la cena contingente a la salida de Cuba de Norberto Fuentes. García Márquez viajó a Cuba en el avión privado del Presidente Carlos Salinas de Gortari para recoger a Norberto Fuentes el 24 de agosto de 1994 y lo llevó a Cancún el 25. García Márquez siguió vuelo hacia el norte para asistir a la cena con el presidente Clinton, la que tuvo lugar el 26 de agosto de 1994. Norberto Fuentes quedó libre para compartir con el mundo y contigo, querido lector, las notas cronológicas que son recogidas en este libro.

En su libro *MÉXICO: un paso difícil a la modernidad,* Carlos Salinas de Gortari menciona la anécdota del viaje de García Márquez con un escritor cubano y la advertencia de Castro: «Gabo te vas a arrepentir.» Como puede apreciarse de estas notas, Castro es el que ya debe estar arrepentido.

Finalmente, este libro no es solamente de valor histórico, sino de actualidad. En la discusión sobre *las armas del enemigo*, más adelante, puede notarse como Fidel Castro, en su audacia sin límite, se vende ahora como el aliado indiscutible e inevitable de los Estados Unidos en la lucha contra las drogas. Lo que aquí se revela adquiere gran relevancia ante la ingenuidad de algunos funcionarios del Gobierno de los Estados Unidos, que creyéndolo factible están promoviendo el suministrar a Castro inteligencia y equipo para luchar contra el narcotráfico como si fuera un aliado confiable.

Ernesto F. Betancourt

REPÚBLICA DE CUBA
MINISTERIO DEL INTERIOR
DEPARTAMENTO DE SEGURIDAD DEL ESTADO
ACTA DE REGISTRO Y OCUPACION

[Handwritten form with details of search and seizure, signed by Responsable del Registro]

NI EL PODER, NI LA GLORIA

Un hombre considerado hasta las vísperas como el cronista de la Revolución Cubana y paradigma del escritor revolucionario, esa extraña mezcla tan difícil de obtener de intelectual y hombre de acción, tiene visita. 18 fornidos oficiales del Departamento de Operaciones, bajo el mando del general de División Pascual Martínez Gil, allanan su casa. 1:30 AM del viernes 16 de junio de 1989. Alguien ha perdido la categoría de compañero. Ahora es ciudadano, morador. El morador Norberto Fuentes. Y se le han ocupado más de 100,000 dólares. En la práctica del registro, los oficiales echan a un lado condecoraciones militares por valor demostrado en combate en la hermana República Popular de Angola y sus medallas por la cultura nacional. Pero dejan un acta de registro y ocupación. Todo en regla.

INTRODUCCIÓN: LA HISTORIA REVISADA POR FIDEL REVISADA

E l interés primordial de estas páginas es la academia americana, esa excitable intelectualidad de izquierda, y algún que otro de sus aliados en la media, y los genios del *think tank* cubano del State Department. Tomen nota.

A principios del verano de 1989, Fidel tenía una dura tarea por delante si quería que su proyecto –envilecido o no ante los ojos del resto de la humanidad–, prevaleciera, y era desprestigiar a sus antiguos y leales compañeros con el asunto del narcotráfico. La Revolución iba a salir muy dañada si pese a todo era capaz de sobrevivir a ese impacto que es una acusación de negocios de droga con todas las pruebas en regla, y para llevar los planes adelante una de las cosas que necesitaba era el apoyo de los guardianes de la moral, ahora representados por los oficiales de la Contrainteligencia Militar (CIM) –un cuerpo represivo equivalente al Departamento de Seguridad del Estado pero que institucionalmente debe mantenerse en los predios cerrados de las Fuerzas Armadas Revolucionarias– lo cual provocaba un arribo de nuevo personal inhibido, puesto que tenían que ser portadores de una conducta irreprochable y firme, es decir, traducido del lenguaje comunista cubano, que debían «portarse bien»; muchachos bisoños, frescos, fáciles de convencer –al menos por un tiempo– de las virtudes de la obediencia, de no discutir las órdenes, y sobre todo de no poner jamás en entredicho los designios que surgen en la superioridad –como alguna vez habían sido los oficiales veteranos de la Seguridad del Estado, ahora respondones y bien informados y cargados de gloria tras 30 años de lucha. La lección es conocida.

La disciplina militar es la llave de gobierno estalinista, la solución por decapitación de todo intento de debate interno, y qué cosa mejor, en épocas de perestroika, que esos cuadros procedentes del ejército, sobre todo como sustitutos de los cargos clave del Ministerio del Interior. Aunque es demasiado obvio que si una vez los viejos fueron como estos jóvenes, alguna vez los jóvenes serán como estos viejos. Así que, como el baile va a repetirse, adelanten las fechas. Menos de 10 años después del proceso conocido en Cuba como la Causa #1 de 1989, que sirvió para desmontar el Ministerio del Interior y su oficialidad de 30 años de servicio, Fidel Castro ha empleado nuevas hornadas para limpiar a los que limpiaron. Podemos calcular que estos últimos serán arrasados dentro de cinco años.

La llamada «Causa #1 de 1989» fue el más grande escándalo interno de la Revolución Cubana y la primera y única vez que se aceptó públicamente el vínculo cubano con el narcotráfico, aunque al final fuera aprovechado clara y hábilmente por Fidel para distanciarse del asunto y sobre todo para evitar cualquier acción punitiva norteamericana que alcanzara a su persona. Los estudiosos coinciden en señalar que hubo cuatro casos anteriores que probaban las conexiones de La Habana con el narcotráfico llevados ante la justicia norteamericana, pero –y esto lo eluden los estudiosos– es evidente que emitieron una pobre señal de peligro para Fidel Castro, siendo en cambio la que se produjo con inequívoca intensidad en el verano de 1989, la que lo obligó a destapar la olla.

Se supo al descubierto. Y él sabía algo: que en relación con el narcotráfico no existe fórmula posible de propaganda que te salve el pellejo. Es así como, al comienzo de este proceso, Fidel tuvo por delante algunos problemas de diseño que resolver. Siendo un maestro, como él es, en montarse sobre su propia estructura, podía presagiarse el éxito de antemano. Inventó el escándalo, *el escándalo interno*. Obró en dirección contraria a como había hecho hasta entonces. Si el permanente peligro de la agresión americana ha sido la bandera de combate enarbolada para sostenerse en el poder y le ha permitido reprimir a diestra y siniestra cualquier disensión, tenía que buscar un enemigo, y esta vez tenía que ser interno, para zafarse del demoledor golpe que significaría la pérdida total de prestigio y la probable acción punitiva inmediata que todo el mundo iba a aprobar por cuenta del narcotráfico.

Una vez al principio de la Revolución había sido brillante y esperanzador cuando dijo aquella frase memorable de que «vivimos en la mentira y nos obligaron a vivir con ella, y tal parece que el mundo se acabara cuando descubrimos la verdad, como si no fuera mejor que el mundo se acabara mil veces antes que vivir en la mentira». Magnífico. Pero, en la plenitud de su gloria de conquistador revolucionario que se estrenaba en el poder, hacia 1959, cuando dijo eso, todos olvidamos su carta anterior al comandante Rolando Cubela, el líder estudiantil, en que el mismo Fidel Castro le ponía condiciones al uso de la verdad. Estaban todos alzados en las sierras de Cuba, a finales de 1958, cada cual con su guerrilla, y Cubela, desde Sierra del Escambray, le había solicitado algunas precisiones sobre el futuro político del país al hombre de la Sierra Maestra. Fidel decide reservarse sus objetivos mas le responde a Cubela que la verdad es sólo aceptable *cuando sirve a la unidad*. Por ahí empezamos. Luego los cubanos han conocido la variedad de verdades (¿o mentiras?) que se pueden esconder a la vuelta de cada esquina.

Sólo en este proceso de 1989 –y haciendo un rápido repaso– tenemos la verdad (o la mentira) de que todo fue una puesta en escena, y tenemos la verdad (o la mentira) de lo que ocurría detrás de bambalinas y nadie se enteraba, y las otras, las verdades (o las mentiras) constituidas por los objetivos inmediatos, los intermedios y los finales. En fin, la mentira establecida en sustitución de la información porque es siempre información dolosa. Esto sin olvidar el catequismo de que a veces es necesaria la información diferida para no alertar al enemigo, y que la frontera a establecer no es entre la verdad y la mentira, sino entre la salvaguarda o no de la Revolución, y que la razón de Estado se explica aquí mejor que en ningún otro sitio, dado que somos el país débil y pequeño que se enfrenta a las agresiones del mayor Estado imperialista de la Historia. Etc.

Será una suerte si logramos que finalmente los más avispados descubran que hubo una sola verdad –Fidel narcotraficante– y todo lo demás fue el barrage de sus embustes para sacudirse las culpas. Él parte, desde luego, de la presunción de ser el más inteligente y hábil de los individuos, de ser el Sol y brillar con su misma energía, y de su convencimiento de que en el bando de sus adversarios no cuentan con cabezas pensantes ni con analistas serios. ¿El Sol? Bueno, así lo describen hombres cercanos a él, para su evidente beneplácito. Luis Báez. Se lo he oído decir a Luis Báez, que es un periodista que suele acompañarlo. Carlos Aldana también. Carlitos, que era su Secretario Ideológico en el Partido. Y a Raúl Castro, su hermano menor y jefe del ejército. Sí, señor. Él es el Sol.

Engañó a sus viejos compañeros y después no ha parado de hacerlo con cualquiera; se cansa de repetir que no dice mentiras y que no las dijo incluso en la guerra contra Batista y que lo único que se permite (oh, situaciones impuestas por la dura lucha revolucionaria) «es un engaño a un enemigo», razón por la cual, como queda claro, empezó con el enemigo, luego continuó la práctica con sus compañeros y terminó por engañar a todo el mundo. Todos somos sus enemigos.

Las siguientes notas cronológicas surgen de ese caldo de cultivo que es la Cuba de Fidel Castro y todos los matices de sus verdades y de sus mentiras que ha sido posible captar. Es a su vez un intento personal por establecer un orden sobre las actividades de narcotráfico en las que Fidel Castro ha estado involucrado y de las que el autor adquirió conocimiento y una relación de los episodios que rodearon a este confuso y traumático evento que fue la Causa #1, que tuvo lugar en La Habana entre la noche del 12 de junio de 1989 y el oscuro y caliente amanecer del 13 de julio del mismo año. El autor, que resultó de alguna manera un protagonista accidental de una parte de esos hechos, pero protagonista al fin y al cabo, se ha servido de él mismo y de lo que aprendió entonces como su fuente principal.

La historia revisada por Fidel revisada. *Yep.* Les estamos haciendo el favor, puesto que, en definitiva, de quien él se ha burlado, es de ustedes.

NF.

EL PASADO QUE NUNCA EXISTIRÁ
Impresiones de algunos de los numerosos gomígrafos creados por la burocracia partidaria y militar cubana para mantener bajo férreo control su circulación de documentos. Las barras de lacre y los sellos para fundirles los códigos secretos complementan las precauciones.

LAS ARMAS
DEL ENEMIGO

Las explicaciones de Fidel Castro sobre lo que, en realidad, son sus incursiones en el narcotráfico. Material para una segunda lectura:

- El desenvolvimiento fidelista sobre el narcotráfico en los últimos años tuvo su origen –producido quizá de forma inconsciente– en Ronald Reagan.
  Su primera declaración:

  > ... I am not one who often feels or too often vents anger, but I want the American people to know that they're faced with the most sinister and despicable actions. We have strong evidence that high level Cuban government officials have been involved in smuggling drugs into the United States.
  > —Ronald Reagan, may 6, 1983

- Días más tarde ya le ofrece el argumento a su homólogo cubano, que por lo pronto considera que no es necesario utilizarlo. El argumento de los oficiales renegados.

  ...– There is strong evidence that Castro officials are involved in the drug trade, peddling drugs like criminals, profiting on the misery of the addicted. I would like to take this opportunity to call on the Castro regime for an accounting. Is this drug peddling simply the act of renegade officials, or is it officially sanctioned? The world deserves an answer.
  –Ronald Reagan, mayo 20, 1983

- Esa vez no fue necesario puesto que tenía espacio para la maniobra. Esperó hasta 1989 y a declarar en el Consejo de Estado, cuando instó al fusilamiento de Ochoa, Tony y los otros dos condenados, para insultar a Reagan primero –siempre de modo oblicuo y como refiriéndose a una tercera persona– mientras, como se ha dicho, enviaba a la muerte a los compañeros de lucha suyos que acababa de convertir en los oficiales renegados de la idea de Reagan.
El insulto:

  ... Yo le di instrucciones al compañero [Ricardo] Alarcón, viceministro de Relaciones Exteriores, de contestar con toda energía, en uno de esos contactos con los funcionarios norteamericanos, por ese tipo de campaña [sobre la participación en el narcotráfico] que se estaba haciendo contra Cuba. Voy a emplear una palabra fuerte... no la pronuncié yo, pero fue lo que le dije que se dijera. El informe de Alarcón... dice: «Cumpliendo las instrucciones que había dado el Comandante en Jefe, le manifesté a este funcionario –no voy a decir el nombre– que quienes promovían y llevaban a cabo estas acusaciones contra nosotros eran unos hijos de puta.»

–Fidel Castro, julio 9, 1989

- El proyecto de «cooperación» con sus principales enemigos toma forma en su misma alocución al Consejo de Estado el 9 de julio de 1989:

    Sobre estas cosas hay que discutir con los norteamericanos, y tenemos algunos cambios de notas –más que de notas, de criterios de modo muy informal, se ha hablado algo–; tenemos que discutir a ver cómo realmente se va a manejar esta situación. Porque lo que nosotros dijimos lo dijimos en serio, con respecto a los aviones que vuelan y violen el espacio aéreo. La declaración es muy seria, claro que tomando todas las medidas, porque no queremos que ninguna persona inocente, equivocada, vaya a sufrir las consecuencias. Esto requiere entrenamiento muy preciso de los pilotos para evitar que tales accidentes se produzcan.

    De modo que tendrá que regularse de alguna forma y habrá que buscar alguna forma de comunicación entre Estados Unidos y Cuba en esta batalla común, decimos común porque realmente, aunque por motivos diferentes, estamos haciendo lo mismo. Los norteamericanos saben y esto lo he explicado yo en algunas entrevistas –que muchas veces los aviones violaban nuestro espacio aéreo–, se les daba orden de aterrizar y se reían de la orden de aterrizar. No se les disparaba porque es una decisión muy dura disparar en el aire a uno de éstos que no obedezca, puede ser un narcotraficante, puede ser un periodista, puede ser hasta un senador norteamericano extraviado por ahí, o puede ser un

particular que cuando le digan: «aterrice», no quiera aterrizar en este «infierno» que ha pintado la propaganda de Estados Unidos.
—Fidel Castro, julio 9, 1989

¿Escucharon bien lo que dijo? ¿Tomaron nota? ¡... decimos *común* porque realmente, aunque por motivos diferentes, *estamos haciendo lo mismo*!

- Diez años y trece días después de que ordenara el fusilamiento de sus viejos compañeros, y desde su tribuna de agasajos revolucionarios y contemplando el clásico desfile comunista de pañuelos agitados y cánticos revolucionarios, Fidel volvió a tejer su trama, a entonar su seducción de sirena para los oídos de quien lo quisiera escuchar, en especial si es un editor de periódico o un senador o un general —y que sea yanqui *¡of course!*

- Primero se vira contra América Latina. Expone que Cuba está por encima moralmente de esos países al sur. El autor no conoce otra exposición más odiosa y racista en toda la biografía de Fidel Castro que la siguiente. Cuando se dispone a servir de perro cancerbero de los americanos en contra de sus antiguos infelices aliados del sur del continente —¿o quiénes son esos «emigrantes» de los que quiere salvar ahora a los Estados Unidos?—, a los que estuvo soliviantando durante cuatro décadas y a los que les estuvo llenando las cabezas con la esperanza de que era un Simón Bolívar redivido y a los que lanzó a sanguinarias guerras de guerrillas, pronunciamientos militares, y los adiestró en las artes del terrorismo y del secuestro, se revela en definitiva como el mismo hombre al que no le tembló la mano, no se le movió un solo músculo del rostro, mientras contemplaba el video sin editar del fusilamiento del hombre que mandó a guerrear a su favor por medio mundo, Arnaldo Ochoa, a la mañana siguiente de él mismo haberlo mandado a matar. Espléndida esa ligazón que hace de narcotráfico con balseros cubanos —¡son los mismos lancheros!—, y cómo arriba le monta a los refugiados latinoamericanos, todo en el mismo saco que Fidel ata en su boca.

Cuba es hoy sin duda, por su ubicación geográfica, el punto más estratégico del hemisferio para la lucha contra el narcotráfico. El Canal de las Bahamas, por su proximidad a las costas de Estados Unidos, se ha convertido en zona preferida de los narcotraficantes para hacer llegar sus cargamentos de drogas a las costas de ese país. Los aviones dejan caer sus cargas sobre las aguas en las proximidades de esa ruta, donde son recogidas por lanchas rápidas de tres potentes motores que se desplazan a casi 100 kilómetros por hora. Operaciones similares se realizan entre embarcaciones de mediano porte y las lanchas rápidas. Las mismas se escapan casi todas, como lo hacen aquéllas que trafican con migrantes. Por ello en los últimos tiempos han cobrado auge las actividades del narcotráfico internacional en las aguas de esa área.

En el primer semestre de 1999, los paquetes de drogas que recalaron en la costa norte de Cuba a lo largo de ese canal sobrepasaron los 4,539 kilogramos –éstos son los que quedaron a la deriva y recalaron en las costas–, lo que representa un aumento del 60% con respecto a igual período de 1998, y supera, en la mitad del tiempo, los 4,484 kilogramos ocupados por ese concepto en todo el año anterior. Vean qué incremento y cómo los narcotraficantes han escogido esa área, como la zona predilecta del Caribe.

Desde Cayo Confites, al norte de Cuba, se divisa el faro de una de las islas de las Bahamas. Un control verdaderamente eficaz de toda esa larga ruta sólo se puede efectuar en estrecha cooperación con Cuba.

Aquí tengo un informe de 41 páginas, con letra relativamente pequeña, a un solo espacio, elaborado por la División Nacional Antidrogas y la Dirección de Tropas Guardafronteras, donde se narran los principales casos de narcotráfico internacional operados por Cuba en la década del 90; 41 páginas donde se relata mes por mes, año por año, cada acción, muchas de ellas al norte de Cuba.

Ningún país ha hecho jamás lo que hemos hecho nosotros, ni con mayor desinterés. Y nos alegramos, me parece este un buen momento, han sido invitados los diplomáticos acreditados, entre ellos los amigos de Estados Unidos en Europa y en otras partes, para que puedan tener una idea del grado de cordura que les queda a muchos dirigentes políticos en este país, el grado de ética, de sentido común, de patriotismo incluso, que les queda.

Aquí están, estas cosas son irrebatibles y las discutimos en cualquier lugar, en cualquier parte, con quien sea. No hay país con más moral, ni más capaz de defender su verdad. No hay país más transparente en su conducta para enfrentar las trampas, diabluras, conspiraciones, estupideces, arrogancias y prepotencias.

–Fidel Castro, julio 26, 1999

- Amenaza con el futuro. ¿Por qué la Revolución Cubana debe ser mantenida a toda costa por los Estados Unidos? Esta es su impecable respuesta, y de paso suelta, que este pueblo que somos nosotros, los cubanos, si no fuera porque él nos gobierna, de un santiamén convertiríamos la isla «en el más peligroso centro de corrupción, juego, narcotráfico y criminalidad del mundo».

Al sabotear un acuerdo entre Cuba y Estados Unidos como el que existe contra el tráfico de migrantes, para la lucha internacional contra la droga, el senador Helms, los representantes Burton, Gilman, Smith y otros de los 10 a 12 legisladores asociados a la Fundación Cubano-Americana, se convierten objetivamente en los más grandes aliados del narcotráfico. Es la realidad. ¿Contra quién va esto? ¿A quién daña? ¿A quién perjudica? Sobre ellos recae por entero un elevado grado de responsabilidad por los cientos de toneladas de variadas drogas que van a parar a manos de millones de adolescentes y jóvenes norteamericanos o de personas que sufren el flagelo terrible de la droga, parte importante de la cual pudiera interceptarse mediante una colaboración seria, responsable y eficiente entre Cuba y Estados Unidos.

... Como ya empiezan a discernir muchas personas inteligentes en Estados Unidos, que con la destrucción de la Revolución en Cuba y los valores morales que ha traído al país, algo por demás imposible, esta isla se convertiría en el más peligroso centro de corrupción, juego, narcotráfico y criminalidad del mundo...

–Fidel Castro, julio 26, 1999

- Un comercial. Fidel vendiendo su potencial policiaco.

Si una colaboración seria se estableciera, se podrían hasta cuantificar las cantidades de drogas que pudieran interceptarse. Es lo único posible. Esta isla tiene mas de 1,200 kilómetros de largo, ubicada entre el canal de Yucatán y el estrecho mar que la separa de Haití. Este país es el único punto donde se pueden controlar realmente las aguas internacionales y sus propias aguas al sur de las extendidas islas de las Bahamas que, por su proximidad a las costas de Estados Unidos, se prestan más geográficamente a la actividad de los narcotraficantes; aunque nosotros cooperamos no sólo contra el narcotráfico que se dirige hacia Estados Unidos, cooperamos con la lucha en general de la comunidad internacional y con todos los países con los que tenemos acuerdos en la lucha contra el narcotráfico en cualquier dirección.

–Fidel Castro, julio 26, 1999

Los funcionarios americanos pudieran atreverse a mirar lo que hay detrás de estas cortinas de humo. Si, como han propuesto algunos de ellos, le facilitan a Cuba equipo e inteligencia para la lucha contra la droga, van a incrementar sus propias posibilidades de aventuras. Pongan todas las facilidades en sus manos... ¡que Fidel dará buen uso de ellas en sus tratos con los traficantes! Ni tienen idea de las espléndidas y jugosas operaciones que va a realizar cuando le ofrezcan la preciosa información de las rutas que ustedes controlan y de las frecuencias que ustedes escuchan y de las claves de comunicación que ustedes *han partido* (descifrado) y de quiénes están bajo su vigilancia y a quiénes han reclutado como informantes; ya saben cómo es la ecuación: los «narcos» que cooperen con él, recibirán el beneficio de la inmunidad y, los que no, serán capturados por la DEA con la cooperación cubana. Ya pasó en México con la asistencia que prestaba EUA al ejército mexicano y que el general Gutiérrez Rebollo, actualmente en la cárcel, puso a disposición de Amado Carrillo Fuentes para acorralar a sus rivales en el tráfico de drogas. Los caudillos de las repúblicas hermanas son así.

1/EL PAÍS BLANDO

Enero 1, 1959: Triunfa la Revolución Cubana, el dictador Fulgencio Batista y su *entourage* huyen, a la isla próxima, al Santo Domingo de Rafael Leónidas Trujillo, en un DC-4 de la Fuerza Aérea, mientras que el jefe de su ejército, mayor general Francisco Tabernilla Dolz «Pancho» huye en otro DC-4. Dennos ese día. Pues, nos lo dieron. Después, querer regresar a él, será una constante. Ya alguien nos lo arrebata desde las tempranas horas de la madrugada, cuando la noticia llega a las estribaciones de la Sierra Maestra, el central América, el punto donde Fidel Castro se ha desplazado a la espera de un general batistiano –Eulogio Cantillo– con el que ha pactado un golpe de Estado, sin saber aún que Batista y familia acaban de aterrizar en Ciudad Trujillo y que Cantillo, a su vez, está maniobrando para adelantarse con su propio golpe de Estado, independiente de Fidel y su Ejército Rebelde, y nunca más entenderemos que ese día no nos había pertenecido. Nunca nos perteneció.

Llegar al instante de desasosiego absoluto en que comienza una revolución –y no, como creíamos, que se derrumbaba la dictadura de un mulatón de aspiraciones municipales y corto de palabras–, ha tenido un costo de 20,000 cubanos muertos, según reclama la historiografía revolucionaria hasta el presente. Aunque esta «Legión Sagrada de Mártires» parece reducirse a un monto en verdad muy inferior. Entre el 10 de marzo de 1952, fecha del golpe de Estado que llevó a Batista al poder, y el 31 de diciembre de 1958, murió un aproximado de 1,000 soldados de las tropas batistianas y unos 1,500 revolucionarios, para un total de 2,500 bajas.

También será un bastión inconmovible de la mitomanía revolucionaria el despliegue de grandes y enconadas batallas entre los batistianos y los fidelistas. El fracasado asalto al cuartel Moncada, 22 soldados y 64 atacantes muertos (07/26/53), el fracasado alzamiento de la base naval de Cienfuegos, 18 soldados y 72 insurgentes muertos (09/07/57) y la victoriosa batalla comandada por el Che Guevara que constituyó la toma de la ciudad de Santa Clara, 60 soldados y 40 rebeldes muertos (12/31/58), además de, probablemente, el asalto al Palacio Presidencial, 5 soldados y 27 asaltantes muertos (03/13/57) y la suma de todos los combates y escaramuzas de la desastrosa operación del Ejército contra el santuario fidelista de Sierra Maestra –la llamada «Ofensiva de verano»–, el mayor y más ambicioso episodio de la guerra, 257 soldados y 40 rebeldes muertos (5/25/58-8/18/58), son los principales enfrentamientos y con más mortandad. Es difícil sumar más de 52 encuentros armados de alguna magnitud durante estos 7 años de Batista en el poder. Solamente suman menos de la octava parte de los famosos 20,000 muertos que Fidel reclama. Y una buena parte ejecutados, asesinados o víctimas de acciones terroristas, no en combate. Todas las grandes batallas con participación de tropas cubanas van a tener lugar después de 1959, empezando por Bahía de Cochinos (o Playa Girón) y posteriormente en África.

No obstante, Fidel acaba de derrotar una maquinaria militar que los batistianos describen como de 40,000 efectivos y Fidel, en reiteradas conversaciones conmigo, calculó «en no menos de 70,000 hombres y unas 700 estaciones de policía». Lo cierto es que ha logrado un imposible: en el momento más álgido de la Guerra Fría y en medio de la histeria anticomunista en los EUA, gana una guerra y ocupa Cuba con su ejército de campesinos y lumpens y un puñado de atrabiliarios estudiantes de secundaria provinciales para, de inmediato, o al menos en el lapso de dos años, establecer un bastión comunista casi que en las mismas playas de Florida –por un tramo de 90 millas Che Guevara no se desplegó en Duval Street, Key West.

Lo hace con la ayuda del *The New York Times* y –de alguna manera en un sentido metafórico aunque para la mayoría de los cubanos como algo abrumadoramente real– del State Department[2] y de la estación de la CIA en La Habana y de casi todos los oficiales y reclutas del cuerpo de Marines destacados en la Base Naval de Guantánamo. Con una Casa Blanca regida por el General en Jefe de todas las tropas aliadas en la Segunda Guerra Mundial, un Dwight Eisenhower que se apresura a reconocerlo como un gobernante legítimo; cuando sólo faltan dos años y cuatro meses para que personal militar cubano utilizando material de guerra soviético aniquile a una brigada de desembarco de EUA (o reclutada, entrenada, armada y lanzada al combate por EUA, que para el caso es lo mismo) en Bahía de Cochinos; tres años exactos para que las escuadrillas de aviones de combate Mig desfilen a su libre albedrío, ejecutando cabriolas, barriles, *loops*, trepadas con forzaje, *troikas*, sobre la Plaza de la Revolución de La Habana en el más estricto estilo de la Plaza Roja de Moscú, y, tres años y diez meses para que Cuba se convierta en un punto de despliegue de la cohetería nuclear soviética –todo un negocio de campesinos, cazurros y taimados y regateadores de mercado. Fidel saliendo aún de

---

[2] La acusación de que el State Department apoyaba a Fidel viene de Earl E. T. Smith, a través de su libro *El Cuarto Piso*, y en menor grado de su predecesor el Embajador Gardner, que era amigo de Batista. En realidad es una versión desacreditada de lo que ocurrió. Lo cierto es que, hasta el último momento, la gente que manejaba la política exterior respecto a Cuba, en especial William Wieland, eran partidarios de apoyar al político moderado y demócrata Tony Varona, procedente del Partido Auténtico, para un régimen de transición. Wieland había trabajado como periodista en Cuba durante la lucha contra Machado, bajo el nombre de pluma de William Montenegro, y tenía la convicción de que los auténticos eran el partido mayoritario de Cuba. Pero no se daba cuenta de que la incapacidad de los auténticos para enfrentar a Batista a nivel electoral los había erosionado en la opinión pública, sin mencionar el descrédito que tenían a resultas de la corrupción bajo Grau San Martín y Carlos Prío. El relato mejor documentado sobre la política exterior americana durante ese período está en «*Contesting Castro, The United States and the Triumph of the Cuban Revolution*» de Thomas C. Paterson. Ahí se puede ver que había división entre las distintas agencias del Gobierno americano, pero que la posición americana era básicamente impedir que Fidel llegara al poder. Unos se inclinaban por ayudar a Batista y otros por forzar las elecciones, pero nadie respaldaba la llegada de Fidel al poder. Dentro de este rejuego de posiciones, el embargo de armas se impuso a Batista solamente como instrumento para presionarlo a celebrar elecciones.

las letrinas de tablas de yaguas de la colonia cañera de Birán, y Nikita Serguievich contemplativo ante una descomunal mazorca de la primera cosecha de maíz siberiano, hijos de las atabladeras y los almiares, a punto de hacernos desaparecer como historia, incluso hasta como toda evidencia, estas dos criaturas, y jugando con el botón, a ver qué partido le sacan.

—CIRCA 11:00 AM: El Movimiento 26 de Julio ha tomado La Habana y mantiene el orden con bastante eficacia. Civiles con brazaletes rojinegros del 26 de Julio y armados con los primeros fusiles y cananas tomadas de los cuarteles batistianos se pueden ver por toda la ciudad.[3] Los Boy Scouts asumen espontáneamente el control del tránsito. El comandante Aldo Vera Serafín, el líder de la resistencia urbana, sale a la luz pública desde sus oscuros pasadizos del clandestinaje y se dirige, de ligera ropa civil pero Thompson en mano y la cabeza tocada con un casco de acero del ejército americano, a Columbia, la principal instalación militar del país, la que de hecho queda ocupada por él hasta el arribo, desde la provincia de Las Villas en las próximas horas, del comandante guerrillero Camilo Cienfuegos.

ENERO 3, 1959: Fidel está en Santiago de Cuba, en el extremo oriental de la isla. No ha terminado de saborear su triunfo por entero y aún prepara el orden de marcha de su columna que recorrerá todo el país hasta occidente, cuando una gavilla –entre tres y diez hombres– tiene intereses menos gloriosos pero mucho más prácticos en la ciudad de La Habana, donde todavía faltan tres días para que llegue el victorioso comandante. Los hombres ocupan la sede del Buró Represivo de

---

[3] Las avanzadas del Ejército Rebelde entran en la Habana el 5 pero ya los combatientes clandestinos del Movimiento 26 de Julio dominaban la ciudad desde el 1ro. La distinción es importante porque el no reconocimiento del aporte de la clandestinidad en el llamado *llano* fue parte de un esfuerzo deliberado del Che –teleguiado por Fidel– para quitar todo mérito a los de la clandestinidad. De ahí su libro *Relatos de la lucha revolucionaria*, en que trata de desacreditar a figuras prominentes del llano como Raúl Chibás y Felipe Pazos, para no mencionar a otros líderes de la clandestinidad del propio 26 de Julio como Faustino Pérez o Manolo Ray. Esto siguió con el libro sobre la guerra de guerrillas y la traída de Regis Debray a Cuba para venderle la tesis de una gran victoria militar, que se plasma en su libro *Revolución en la Revolución*, una promoción de las tesis erradas del Che sobre la insurrección, que el mismo Debray ha repudiado.

Actividades Comunistas (BRAC), uno de los servicios policíacos de Batista –y favorito en La Habana del FBI– y cargan hasta con el último papel de los archivos de la institución. Leonel Soto, una de las estrellas ascendentes del comunismo cubano y compañero de estudios universitarios de Fidel, está al frente del grupo de asalto. Su captura no es completa: el comandante Mariano Faget, un legendario policía cubano y gladiador anticomunista por excelencia, jefe del BRAC, ha logrado escapar a EUA.

Enero 5, 1959: Las avanzadas rebeldes entran en La Habana. Primera declaración pública contra los Estados Unidos del triunfante Fidel Castro. Dice en su discurso en la ciudad de Cienfuegos que la misión militar norteamericana no enseñó nada de valor a las Fuerzas Armadas cubanas, y más bien «contribuyó con su entrenamiento pésimo a facilitar el triunfo» de las fuerzas guerrilleras.

Enero 7, 1959: Los Estados Unidos reconocen al nuevo Gobierno Revolucionario.

Circa enero 8, 1959: Expulsión de la misión militar norteamericana en Cuba, compuesta de 31 técnicos y que respondía a los términos del Tratado de Defensa Hemisférica.

Raúl Castro le contaría años después a NF que, con la expulsión de los yanquis, Fidel le pasaba la cuenta a los enemigos de su padre, el viejo Ángel Castro, que era un soldadito de las tropas colonialistas españolas a su vez expulsadas de Cuba en (o después de) 1898, terminada la guerra Hispano-Cubano-Americana. «Además, habían asesorado al ejército que acabábamos de derrotar. Así que no tenían nada para enseñarnos.»

Circa enero 5-8, 1959: Ante los ojos de los rebeldes aparecen por primera vez las siglas G-2, Dirección de Inteligencia, en algunas de las dependencias que comienzan a ocupar en el campamento Columbia, de La Habana, que hasta entonces fuera la principal instalación militar del país. Técnicamente, ese G-2 batistiano, que se hallaba bajo el mando del mayor general Arístides Sosa de Quesada, tuvo jurisdicción sobre el Servicio de Inteligencia Militar (SIM) –que fue el principal opositor de los grupos revolucionarios–, el Servicio de Inteligencia Naval (SIN) y el Buró Represivo de Actividades Comunistas (BRAC).

–Fusilamientos masivos de militares batistianos en todo el país. Se inicia en Cuba el método de abrir una zanja con buldózer, alinear a los prisioneros y barrerlos con el fuego de una ametralladora de trípode calibre 30, o fusilarlos por racimos. Y los tiros de gracia al voleo desde los bordes de las zanjas, que luego eran esas tumbas conmoviéndose durante días y los túmulos de tierra en lamento, hasta una semana después de que los despojos de aquellos hombres que habíamos llamado esbirros y que no siempre estaban muertos, fueran paleados y tapados y apisonados con la buldózer de una arrocera cercana o de la obra de un puente en construcción. Entre 400 y 500 oficiales ejecutados, en muchos casos sin juicio previo, puede ser una cifra adecuada para algunos observadores, pero conservadora para otros. Tuvimos un total de 364 batistianos fusilados en los primeros 6 meses de Revolución, según *The New York Times*. Un despacho de AP informa de 288 oficiales, soldados e informantes civiles fusilados hasta el 1/21/59.

–El odiado SIM batistiano es convertido en el Departamento de Investigaciones del Ejército Rebelde (DIER), una de las tantas agencias que derivarán finalmente en la Seguridad del Estado. Un exultante comandante revolucionario, Camilo Cienfuegos, crea el Centro de Investigaciones y Denuncias de los Institutos Armados Revolucionarios (CIDIAR) en el antiguo edificio del BRAC, el otro temible servicio policíaco batistiano, donde en su época reinaron, para beneplácito de un FBI de Guerra Fría, los oficiales Mariano Faget y José Castaño, aún hoy recordados como «unos caballeros» y verdaderos artífices «del interrogatorio científico». Faget, procedente de la vieja Oficina de Investigación de Actividades Enemigas, activada en Cuba durante la Segunda Guerra Mundial, y el astuto y monástico e infatigable J. Edgar Hoover, el jefe del FBI, habían establecido sólidos vínculos de colaboración entre los servicios de los dos países y entre ellos dos personalmente. Hoover llamó «una magnífica pieza de trabajo policíaco», y «el más asombroso caso de espionaje de las Américas [resuelto durante la Segunda Guerra Mundial]» la captura en La Habana del espía nazi Heinz August Luning y su confesión al capitán Faget de que trabajaba por contrato para el almirante Canaris.

Luego de la lucha contra los espías del Tercer Reich, Hoover, con visión de futuro característica y a las puertas de la Guerra Fría, recicló a Faget para la lucha contra los comunistas cubanos. Pero Faget cometió un error: ponerse tras las huellas de los caciques criollos del PSP (versión cubana de un partido comunista ortodoxo pero que había abolido la palabra comunista de su nombre para ganar fácil acceso a sectores de la población que podían sentirse asustados por la sola mención o recuerdo de los «rojos») y obviar a los revoltosos líderes universitarios que protagonizaban con regularidad diaria algún hecho de sangre. Unos tipos estos muy complejos y que se definían todos por hallarse a medio camino entre el más brutal gangsterismo y un extraño ideario en el que mezclaban desde José Ingenieros y Marx hasta Mussolini.

Uno que se estaba destacando en esos predios universitarios era el hijo de un inmigrante gallego y estudiante de leyes a quien apodaron por el mal nombre de «Bola de Churre» en sus años de estudios primarios en un colegio de los jesuitas, debido al escaso uso que hacía de la higiene personal. Sin embargo, parecía haber mejorado su aspecto al dejar atrás la adolescencia y convertirse en un *status seeker* en la sociedad habanera de fines de los 40, de cuello y corbata en esta etapa, aunque aún regularmente con las uñas sucias, una media luna de escombros en cada uña. Y a quien ya todo el mundo identificaba como el asesino de Oscar Fernández Caral, sargento de la Policía Universitaria, con el que había tenido varios escarceos por acusarlo de pandillero, y lo implicaban también en otros tres asuntos con violencia de por medio –los asesinatos de Manolo Castro y Benito Besada y el fallido atentado a Leonel Gómez. Ese muchacho se estaba destacando. Fidel, desde luego.

Faget y sus especialistas de comunismo criollo obviaron un dato importante del que debieron disponer en primera instancia: que Cuba tenía seis provincias geográficas pero que el Partido tenía siete. El Partido entendió la importancia que había tenido una institución en la vida republicana desde los años 30. El BRAC no entendió que el Partido entendiera. La Universidad de La Habana y todo su potencial científico, intelectual y profesional como un feudo de la atención priorizada del Partido. La séptima provincia.

CIRCA ENERO 12, 1959: Comienza la aventura de las fuerzas blindadas revolucionarias con un batallón de viejos tanques Comet de fabricación inglesa estacionados en el campamento Managua, al suroeste de La Habana, donde se destacarán por primera vez los Cintra Frías, los Pardo Guerra y los López Cuba, luego tanquistas legendarios de los combates de Bahía de Cochinos o de las misiones internacionalistas cubanas. Eran los 15 viejos tanques Comet que llegaron a Cuba un poco antes del colapso batistiano –junto con los 15 aviones de combate Sea Fury y los primeros helicópteros Westland S-55 (aunque ninguno de estos equipos llegaron a ser operables para las batallas finales de Batista), obtenidos a cambio de concesiones tributarias y arancelarias de Batista para la refinería que la Shell construía en La Habana,[4] y gracias a los buenos oficios y sinecuras otorgadas a su Excelencia A. S. Fordham (¡un auténtico nuestro hombre en La Habana!) y Embajador de su Majestad Británica ante las autoridades de la isla.

Pero fue una solución tardía de Batista al embargo de armas que Estados Unidos le decretara desde el 03/14/58: enviar desesperados compradores a Europa. Al principio tuvieron que conformarse, para armar sus tropas, que eran las únicas en campaña realmente en ese momento en el continente americano, con una partida de carabinas dominicanas San Cristóbal, una versión trujillista y de ínfima calidad de la famosa carabina M-1 norteamericana, y fea hasta de diseño, con dos gatillos como solución para el selector de fuego, e incapaz de aceptar dos ráfagas largas sin que de inmediato el cañón presentara síntomas de derretido.

Los belgas también negociaron y abrieron sus catálogos del extraordinario ingenio diseñado por Dieudonne Saive y colaboradores, los otros preciosistas ingenieros de la Fabrique Nationale (FN), de Herstal –todos unos locos del máximo aprovechamiento y perfección del reglaje de los gases–, y su modelo en el banco de pruebas desde fines de los 40 y principios de los 50, el todopoderoso y respetable

---

[4] Estas transacciones dieron lugar a la campaña de boicot del movimiento de resistencia a los productos de la Shell bajo el slogan –que se hiciera muy popular– de «Shell con sangre».

Fusil Automático Ligero FN-FAL; pero los primeros embarques de FAL –y de metralletas UZI y pistolas Browning, de los mismos fabricantes– llegaron igualmente tarde. Finalmente sirvieron para armar a los primeros batallones de combate revolucionarios. Al menos con los FAL, esos batistianos resultaron ser excelentes compradores. Fue el arma de combate más ponderada por sus excelencias en los 60, sobre todo en África, hasta que el AK-47 comenzó a diseminarse por el mundo y a cercenar atletas israelitas en las Olimpiadas de Munich o emboscar muchachones de Oklahoma o Arkansas en el Delta del Mekong, y mostrar su ductilidad (sólo tres piezas el desarme de campaña) amén de barato, ligero y formidable volumen de fuego.

Fidel no esperó los suministros de tanques soviéticos –que habrían de comenzar a llegarle menos de dos años después– para asignarles un objetivo a estas primeras unidades blindadas de su ejército. El objetivo –desde fecha tan temprana– se llamaba «Operación Budapest». Era prepararse para arrasar con La Habana en caso de una insurrección en la capital. Algunos tanquistas veteranos de las fuerzas de Batista son empleados como instructores. Fidel deja claro que no se recluten habaneros para esta fuerza, puesto que esa clase de preparación para eventuales acciones punitivas sobre una ciudad sólo puede comprometerse con personal foráneo.

Enero 13, 1959: Una crisis de «rápida e incruenta» solución tiene lugar con este personal de las primeras unidades blindadas al negárseles el permiso de llevarse las armas largas a sus casas –todas en la lejana provincia de Oriente– en los primeros días de permiso que reciben. Fidel Castro se presenta en el campamento Managua para apaciguar a sus hombres, hacerlos entrar por razones y explicarles «lo imprescindible que resultaban para la Revolución». El hecho pasa inadvertido para la prensa.

En realidad, lo que tiene lugar es una sublevación –¡a sólo trece días del triunfo revolucionario, y siete del arribo de Fidel a La Habana!– en la que la solicitud de permiso para llevarse las armas largas a sus casas fue la última y menos importante de las exigencias de los amotinados. El deseo de licenciarse y que se les retribuyera con dinero por los servicios prestados en la guerra contra Batista, fue la reclamación prácticamente unánime de esta tropa de unos 2,000 ó 3,000 hombres que constituía el grueso de las fuerzas del Ejército Rebelde acantonado en la capital del país, luego de su marcha victoriosa desde las montañas orientales. Fidel Castro tiene que presentarse en Managua para someterlos a la obediencia, y ahí Cintra Frías se destaca por primera vez como delator de sus compañeros y adicto («plegado», es la palabra al uso) al mando. Es ascendido de teniente a capitán. Fue la primera de por lo menos cuatro importantes sublevaciones militares en la historia de la Revolución Cubana, totalmente desconocidas fuera de Cuba, y por casi nadie dentro: esta de Managua, la de la División 50, la más poderosa unidad militar de la región oriental del país (circa 1965), la del batallón de la expedición de Etiopía (1978) y la de la Escuela de las Fuerzas Blindadas, de Managua –¡otra vez ese lugar!– en 1989.

CIRCA FINES DE ENERO 1959: Raúl Castro debe intervenir para que un joven teniente rebelde llamado Arnaldo Ochoa no mate a otro oficial rebelde, en este caso uno de sus capitanes favoritos, Julio Casas. Casas ha desposado por breves horas a una hermana de Arnaldo, acción que toda la familia de Ochoa considera como un ultraje y por lo que están furiosos. «Sólo se casó para comérsela», es el gráfico argumento de los Ochoa, especialmente el de Arnaldo, amartillando su 45.

CIRCA FEBRERO 1959: Abelardo Colomé Ibarra «Furry» es nombrado jefe del DIER, «todavía una fuerza pequeña», según los primeros oficiales que la integraron.

–El CIDIAR, camino de su extinción, es nombrado Departamento de Información de las Fuerzas Armadas Revolucionarias (DIFAR), un intento de Camilo Cienfuegos por hacer prevalecer su propia organización de inteligencia.

FEBRERO 21, 1959: Los últimos integrantes de las misiones militares norteamericanas de aire, mar y tierra salen de Cuba.

MARZO 6, 1959: Che Guevara fusila en la fortaleza de La Cabaña al teniente José Castaño, una especie de segundo al mando de Faget en el BRAC, puesto que no pudieron capturar al mismo Faget. Es uno de los casos de fusilamiento más oscuros e inexplicables de la Revolución Cubana, ya que nunca se pudo mostrar que Castaño hubiese abusado de ningún detenido o que estuviese implicado en algún crimen de la tiranía batistiana. La desaparición para siempre de los archivos del BRAC y la repentina decisión de fusilar a Castaño sólo es explicable por la información inconveniente para la dirigencia comunista cubana que se hallaba en los papeles y microfilmes de esos archivos o la memoria de Castaño. Conociendo a Fidel, pienso que hizo una enorme resistencia a esta ejecución, consciente como estuvo de que, de esa manera, se le escapaban datos muy sensibles sobre sus nuevos e imprescindibles aliados del Partido Socialista Popular (PSP, comunista), y, con toda seguridad, los santos y señas de cualquier personaje que el FBI y/o el BRAC hubiesen reclutado en la más alta dirigencia comunista del país y convertido en topo. Topo que, probablemente, se encontraría ya a su lado.

PRIMAVERA 1959: La fiesta del pueblo, «cuando aún se podía matar y no pagabas». Camilo Cienfuegos, el único de los comandantes «históricos» cuya popularidad se disputa con la del mismo Fidel Castro, oriundo de La Habana pero infatigable combatiente de Sierra Maestra, y valiente y risueño y divertido y que muchas habaneras han decidido llevarse a la cama, se pasea en un Corvette cubierto de serpentinas en las avenidas del carnaval de la ciudad escoltado por los «jimagüitas» De la Guardia. Los De la Guardia han llegado de Miami enarbolando una historia blanda de ayuda a los exilados del Directorio Revolucionario mientras estudiaban pintura a costa del bolsillo paterno en el Florida Southern College y a los que asciende rápidamente a tenientes. José Abrantes, llegado del exilio en México, comienza a buscarse enemigos por pasearse en un MG descapotable del que ha despojado a algún niñito bien de la aristocracia criolla. Demasiado hermoso, demasiado apuesto y con su cabellera negra ondulada al aire y su uniforme verdeolivo satinado, al timón de su poderoso vehículo inglés, aunque aún ocupe un modesto puesto en los recién inaugurados servicios de aduana de la Revolución. Arnaldo Ochoa, un rebelde «auténtico», que hizo la invasión en la columna de Camilo desde las montañas orientales hasta La Habana como integrante del pelotón del centro y armado con una metralleta Beretta y 330 balas que luego cambió por una Thompson, trata de pasar inadvertido con la joya que ha logrado ocupar en una residencia del Country Club, uno de entre los 1,858 ejemplares del Mercedes Benz 300SL «Alas de Gaviota» (Gullwing) que se fabricaron entre 1955-57. Para él, su posesión no es simbólica ni demostrativa de *status quo*, ni un objeto para el alarde, oficio ese tan cubano, sino algo para disfrutar íntimamente siendo su único piloto, el oído a la escucha absorbente de los 215 caballos de fuerza producidos por el trabajo de esos formidables seis cilindros en línea, y correrlo en las húmedas carreteras de la madrugada, impreciso como visión y raudo mientras se sume en los mantos de neblina.

ABRIL 19, 1959: Fidel y Nixon se encuentran en Washington. Nixon describirá a Fidel como «increíblemente ingenuo» respecto al comunismo. *Naïve* es la palabra utilizada en su informe.

Como resultado de lo que llamó sus «compromisos con Nixon» (él lo hizo saber así),[5] Fidel saca a todos los comunistas del Ejército Rebelde... para reubicarlos (y ya esto no tiene nada que ver con «los compromisos con Nixon») en el naciente G-2 revolucionario, rápidamente puesto *bajo control* de veteranos del viejo Partido Comunista, los Aníbal Escalante, los Osvaldo Sánchez y los Isidoro Malmierca. Y por lo menos Sánchez y Malmierca identificados positivamente como KGB. Pero es Aníbal Escalante el que está al frente del negocio. Acepta la misión que Fidel le asigna en secreto, pero le exige también el mando de la Imprenta Nacional de Cuba, de reciente creación, en principio equipada con todas las máquinas y talleres de los tres o cuatro periódicos batistianos (o casi batistianos o presumiblemente batistianos o que hubiesen visto a Batista alguna vez o que lo hubieran pensado) que han sido ocupados. Aníbal quiere policía y propaganda,

---

[5] En realidad, Fidel no hizo ningún compromiso. El memorando de la reunión existe y no tiene referencia a ninguna oferta de Fidel. Inicialmente, durante el «briefing» que el Dr. Ernesto Dihigo, embajador de Cuba en Washington, le dio a los miembros de la delegación cubana, Fidel le había dicho al Embajador Dihigo que cancelara la cita con Nixon. Sólo cuando éste le indicó que entonces tendría que renunciar, ya que eso lo desautorizaba ante las autoridades americanas, pues la cita había sido confirmada por la oficina de Fidel y la cancelación era un desaire que crearía un incidente diplomático, Fidel la aceptó. Los cubanos estaban en EUA como invitados por la American Society of Newspaper Editors. En uno que otro momento Fidel se refirió al viaje como Operación Anestesia.

eso es lo que quiere bajo su control. Fidel aprueba pero le impone como primera meta la publicación de 100,000 ejemplares de El Quijote «para que empecemos esto con buena cara».

Ese Fidel cediendo a las peticiones es por definición un tipo muy peligroso. Al entregar a los viejos comunistas el directorio de los servicios de contrainteligencia, que no es más que una forma sofisticada de llamar a la tan ramplona y vulgar policía política, Fidel gana distancia con la represión amén de que la concesión le sirve para embarrar a la vieja guardia comunista con los lodos siempre reprobables y que son inmanentes de asociarse a chivatos y denunciantes y mazmorras y los soberanos bofetones a los detenidos a las 2 de la madrugada. Soberanos bofetones en la acepción cubana, que es cuando es convincente la sonoridad del golpe como un plato que se revienta y se propina a toda velocidad y con soberbia sacando la mano desde mucho más atrás de la nuca para cruzarla sobre el rostro del hijo de puta, que por supuesto está amarrado, y convencerlo de que ahorita le estaremos dando otra tanda igual, pero para que se calle.[6]

Pero hay algo que Fidel se reserva, a lo que no deja llegar a los viejos comunistas ni a nadie. No les da acceso a la Inteligencia y a los juegos operativos en el exterior. Él se queda con eso, juguete maravilloso en sus manos, y al final elige a Manuel Piñeiro Losada, una especie de simpático soldadito rebelde de cuerdas que, en estos años iniciales de la Revolución en el poder, suele ser quien lo provee de los últimos chascarrillos y, cada vez que es de desear por el jefe, de algunas de las modelos deslumbrantes del cabaret Tropicana. Piñeiro estuvo a menos de una pulgada de padecer de enanismo y con su pajiza barba y melena de color rojo se ganó el inevitable apodo, en verdad digno de los mares de los corsarios, de Barba Roja. En los años sesenta –oh pobres, lamentables hermanos latinoamericanos– se ganó la leyenda de promotor de todas las guerrillas y golpes de estado y secuestros que tuvieron lugar a escala continental. Fidel nombra al comandante Piñeiro, «Barba Roja» su «segundo al mando» en la Inteligencia, cuyo directorio, en el futuro cercano, va a empezar a

---

[6] Los viejos oficiales del Ejército Rebelde tienen una frase para describir a este individuo: el revolucionario de «dos galletas» (bofetones), una para que hable y la otra para que se calle. La frase es de Cantinflas, el comediante del cine mexicano.

llamarse Buró M y le dice a Aníbal Escalante que lo suyo es absorber «el DIER y el DIFAR y todo eso».

Aníbal, por lo pronto, se establece en una mansión conocida como «La Casa de las Estatuas»; media docena de réplicas en yeso de conocidas esculturas griegas adornan su descuidado jardín de hierbas muertas. La casa se halla en dirección al suroeste de La Habana, al borde de la Autopista del Mediodía, una de las últimas carreteras construidas por Batista, y es de difícil ubicación porque se oculta tras una frondosa arboleda de mangos y ceibas. Fidel decide finalmente que un hombre de la columna del Che, el capitán Eliseo Reyes «San Luis» se subordine a Aníbal y que «de inmediato sea puesto al frente [de la primera sede oficial] del G-2», una instalación que pronto será conocida públicamente como «Quinta y Catorce». Ah, Furry. Falta Furry, Abelardo Colomé Ibarra. «Ese se queda», decide Fidel, «en el G-2 de la Policía.» (¡Otro nuevo servicio!) «Mándalo para allá.»

VERANO 1959: José Abrantes pasa a la escolta de Fidel como parte de un pacto con el Directorio Revolucionario «13 de Marzo», una de las organizaciones que lucharon contra Batista, y –un gesto compasivo de Fidel– como consideración por la muerte en un accidente aéreo de su hermano mayor, Juan Abrantes, un carismático y prestigioso comandante revolucionario.

–La sede del G-2 establecida en un conjunto de dos casas en Quinta Avenida y Calle 14, el corazón del barrio aristocrático de Miramar. Parece una provocación, y probablemente lo sea. Pero así tienen a «los burguesones» a la mano. Quinta y Catorce se convierte en sinónimo de policía política para el habla popular, aunque por aquella época se pronuncia con fervor y orgullo. Si es una provocación para los apacibles y atemorizados ricos de los alrededores, la comenzó Batista, puesto que éstas eran las oficinas del retiro de las Fuerzas Armadas. El hecho de que con el paso de los meses se produzcan desde aquí algunas fugas exitosas de «elementos contrarrevolucionarios sometidos a proceso» determinará que hacia 1961 se considere inevitable la búsqueda de una nueva sede y la clausura de Quinta y Catorce.

AGOSTO 15, 1959: Primera mención de Fidel al G-2 en una comparecencia por TV a propósito de la llamada «conspiración trujillista» –por la participación del dictador vecino. Los iniciales brotes cubanos de contrarrevolución bajo sombra dominicana. El comandante Eloy Gutiérrez Menoyo, jefe del II Frente Nacional del Escambray, una de las cuatro organizaciones que dispusieron de guerrillas en la lucha insurreccional contra Batista, fue la cabeza visible más importante del episodio, primero como conspirador y después como informante.[7]

---

[7] Eloy Gutiérrez Menoyo se prestó inicialmente a cooperar en la conspiración auspiciada por Trujillo. Durante la lucha contra Batista su grupo había recibido ayuda del dictador dominicano, sin tener reparos a la mala imagen que tenía Trujillo. Pero Gutiérrez Menoyo, al temer ser descubierto –y en realidad lo estaba– decidió que lo mejor era informar del asunto a Fidel, quien lo instruyó de que siguiera adelante pero ahora como «topo» para ver quiénes estaban en ánimo conspirativo. Convocaron a una reunión en una casa, en Miramar, la conocida barriada de los ricos habaneros, y quien les abría la puerta era Fidel Castro. Esa cruel traición a quienes alentó a conspirar persigue a Gutiérrez Menoyo hasta el presente. La historia de esa conspiración, vendida desde un principio por algunos de los principales organizadores, es lo que cubría ese programa de televisión en que Fidel Castro se deleitó contando los detalles.

TIRO MEXICANO DE DEFENSA

	Tirador No.	Nombre	TONY						Club	
			SILUETAS							
	SERIES	1	2	3	4	5	6	SILUETAS	PUNTOS	Repetición por Fallas
1ra. Vuelta	1a.	10	10	10	10	10	10		60	
	2a.	10	10	10	10	10	5		55	
	3a.	10	10	10	10	10	10		60	
	4a.	10	10	10	10	10	0		50	
					SUMA					
2da. Vuelta	1a.									
	2a.									
	3a.									
	4a.									
Competidor					SUMA					
Anotador					TOTAL				FECHA	

El *hit man* con tu contrato de muerte tiene solo un proyectil desviado en 46 disparos efectuados de los 48 que le corresponden (no se presenta para los dos finales). Atención, Miami. San Juán. Union City. Contemplad esos *scores*. El implacable entrenamiento para asesinar comienza con siluetas de cartón tabla y un riguroso asentamiento en los ficheros de la puntuación obtenida. El autor conserva este original.

2/El fin de la inocencia

Octubre 28, 1959: Camilo Cienfuegos desaparece a bordo de un Cessna 310 de cuatro plazas en vuelo desde Camagüey a La Habana. Nunca más aparece, ni una mancha de aceite en el mar de la costa norte, sobre el que supuestamente voló. Desaparecido para siempre él, y el piloto Luciano Fariñas, y un sargento de escolta. Fidel organiza una búsqueda masiva y agobiante que escudriña todo el país y que dura unos 15 días, pero que deja atrás sin prestarle atención a la cayería del norte de Camagüey, aduciéndose que una tormenta muy peligrosa había batido esa zona la noche de la desaparición, por lo que era innecesario rastrearla, y que había sido a su vez la ruta –esto no se hizo público entonces– hacia la que se despachó un Sea Fury en misión de búsqueda y aniquilamiento de un, al parecer, avión pirata «de origen contrarrevolucionario» –procedente de Florida– intentando lanzar material incendiario sobre sembrados de caña de azúcar.

Noviembre 1959: Alexandr Ivanovich Alexeiev arriba a La Habana como corresponsal de TASS. Su nombre verdadero, al parecer, es Alexandr I. Shitov. Oficial KGB de alto rango (supuestamente), que ha cumplido misiones (también supuestamente) en Francia y Holanda

(46-51), y Argentina (54-58). Según algunos analistas, el hecho de que Alexeiev haya sido enviado a Cuba desde fecha tan temprana, indica que desde los inicios los soviéticos vieron a Cuba «como una operación de inteligencia». Dice Segundo González en «Fidel Castro Supermole (Super topo)» (1996): «Con esto en mente y en orden de hacer justicia al *approach* de los soviéticos a Cuba, analicemos el poco convencional origen del fenómeno Castro de la forma en que la contrainteligencia soviética debe haberlo hecho: con sospechas extremas, incluso a nivel de paranoia.»[8] Alexeiev terminará siendo embajador en La Habana y todo el mundo lo conocerá como «Alejandro», un tío más del patio.

VERANO 1960: Creación de «La Comuna» en la casa de los mellizos De la Guardia en la exclusiva barriada habanera de El Nuevo Vedado, una especie de sociedad de artistas revolucionarios y nocturnos con una vaga semejanza a «Los Hermanos Serapio» de la Revolución de Octubre, pero con muchos más éxitos militares que estéticos y con menos hambre. ¡Ah, la noche! Refugio imprescindible de poetas y conspiradores. Cuenta el coronel Carlos Figueredo «El Chino», un veterano de la lucha clandestina contra Batista y luego un alto cargo del Ministerio del Interior y uno de los principales comuneros: «Las circunstancias... en que se desarrolló La Comuna fueron de una situación operativa intensa en la lucha contra los servicios especiales enemigos fundamentalmente la CIA. Casi todos, por no decir la totalidad, éramos participantes en esa lucha. El tiempo escaseaba. Contra los inmensos recursos técnicos del enemigo teníamos que oponer nuestra inteligencia y nuestro tesón. No importa que pintaran desnudos o se hicieran poemas abstractos o antipoesía: todo estaba *permeado* por esa lucha.» (Carlos Figueredo, «La Comuna», en *Tiempo sin nombre* [libro de memorias, inédito], noviembre de 1995.)

CIRCA JUNIO 1960: Primeros alzamientos contrarrevolucionarios en Sierra del Escambray, región central de Cuba.

CIRCA DICIEMBRE 1960: La familia De la Guardia se escinde: Mario de la Guardia, el mayor de los hermanos, rumbo a Estados Unidos. Un

---

[8] Localizado en la página –web *livelinks.com/sumeria/politics/supermol*.

importante clan familiar de La Habana, proveniente de la dinastía aristocrática de los Calvo de la Puerta –y De la Guardia y de la Capa del Rey y Matajudíos, según la heráldica extendida del propio Antonio de la Guardia–, se extingue. El viejo Mario de la Guardia «Popín», que poseía antes de la Revolución la Casa Turelle, dedicada a los productos químicos para la industria textil y los abonos, y su mujer, Graciela Font «Mimi», resuelven quedarse en Cuba para la protección de sus díscolos jimagüitas. El primogénito, Mario de la Guardia Font, laborioso y con una mente bien organizada, se establece en Atlanta, Georgia, y continúa la labor comercial del padre en la Carson Products Company, de la cual será propietario y presidente; pero nunca perdona a sus hermanos ni sabe aceptar la decisión de sus padres.

ENERO 1961: Alzados contrarrevolucionarios en todas las provincias de Cuba.

–Momento de mayor intensidad de una micro guerra civil en Cuba. Se establecen los Tribunales Revolucionarios (TR) –que tan eficaz y expedito resultado habían dado al régimen para la ejecución o reclusión de miles de batistianos– ahora bajo la clara divisa leninista enarbolada por el Gobierno de Fidel Castro de oponer «al terror contrarrevolucionario, el terror revolucionario». Casi 40 años después será difícil establecer el número de las personas fusiladas como resultado de la gestión de los TR. El Comité Cubano Pro Derechos Humanos ha hecho un cálculo (que califica de conservador) de muertes causadas por la Revolución Cubana y tributadas por los tres vectores principales: fusilados, bajas de guerra (6 años de insurgencia y contrainsurgencia, especialmente en Sierra del Escambray, batallas de Playa Girón y misiones internacionalistas, especialmente Angola y Etiopía) y balseros desaparecidos en la corriente del Golfo, y dice que no baja de 25,000. Los TR estuvieron operando a plena capacidad y condenando a prisión y mandando al paredón hasta aproximadamente el año 1975.

ABRIL 17, 1961: El desembarco en varios puntos de Bahía de Cochinos de la Brigada 2506, creada y organizada por la CIA –y derrotada en las siguientes 72 horas por fuerzas de combate lideradas por Fidel, 161 muertos de las tropas fidelistas y 107 de la fuerza contraria, incluidos los

4 aviadores norteamericanos derribados. El presidente Kennedy asume la entera responsabilidad del fracaso, pero de dientes para afuera y con el objeto de descabezar a la CIA.[9] Pero la victoria de una hasta ayer república bananera sobre una fuerza de desembarco entrenada, armada y desplegada en el teatro de operaciones por los Estados Unidos es abrumadora para los efectos políticos y de propaganda. La CIA no logra recuperarse nunca más del embate. Al menos es el origen del descrédito de la Agencia que dura hasta nuestros días.

CIRCA ABRIL 20, 1961: Nacionalización de todas las escuelas privadas del país, un remanente que aún no se hallaba en manos del Gobierno Revolucionario, en especial los colegios católicos. Es así como Villa Marista cae en manos de la Revolución. Al otro extremo de la somnolienta barriada de La Víbora, segunda gran urbanización elegante de La Habana en sus orígenes, que se constituyó con las familias acomodadas de El Cerro que huían de la presión demográfica habanera de fines del siglo XIX, se levantaba la señorial casona colonial, con sótanos y bodegas de presencia más bien europea y que fue la casona a la que los dedicados Hermanos Maristas le echaron el ojo y la que en septiembre

---

[9] Se han publicado suficientes libros sobre el tema como para poder desplegar algún material nuevo. Bahía de Cochinos como operación militar norteamericana es una idea establecida con regularidad. Se sabe que ésta fue debilitada en grado sumo precisamente por la idea ingenua de parte de un Kennedy inexperto de que era posible lanzar una operación de esa envergadura –aviones B-26, barcos de desembarco y tanques– bajo la pretensión de que era una acción financiada, organizada y equipada exclusivamente por la oposición cubana. Eso no se lo creía nadie. Allen Dulles y los del Joint Chief, en particular el almirante Burke, veían a la brigada meramente como un cebo o carnada. Una vez que estuvieran en una cabeza de playa, se trasladaba allí el Consejo Revolucionario con José Miró Cardona a la cabeza y pedía ayuda a EUA. El Boxer estaba en el horizonte esperando la orden de desembarco. La CIA y los militares estaban convencidos de que, una vez ocurrido el desembarco, a Kennedy no le quedaba mas remedio que ordenar el envío de tropas. Por suerte, Kennedy decidió parar toda la locura y asumir responsabilidad por el desastre. Algunos estudiosos, no muchos por cierto, han dicho que los cubanos deben agradecerle a Kennedy esa decisión. Si hubieran enviado los Marines, eran muy pocos –creían que un batallón reforzado era suficiente– y Cuba, bajo el liderazgo de Fidel, se hubiera lanzado a una lucha a muerte. A la larga, no caben dudas de que EUA hubiera prevalecido, pero a un costo en vidas, sangre y destrucción incalculable. El momento histórico de Cuba no favorecía una solución que se basaba en lo que habían hecho en Guatemala, y, eso sin mencionar que Fidel no era Jacobo Arbenz, el presidente guatemalteco destronado por la CIA y sus colaboradores.

de 1946 compraron a uno de los magnates cubanos de la prensa, el senador Alfredo Izaguirre.

–Un dirigente estudiantil de la Juventud Católica que estaba creando problemas políticos en una academia llamada «Baldor», un muchacho de dotes atléticas al que apodaban «Tarzanito» (su nombre verdadero no ha llegado a nuestros días), y que era un líder nato y con influencia entre los estudiantes, es asesinado a sangre fría delante de todos sus compañeros con varios disparos de pistola 45 en la cabeza por otro condiscípulo (del que tampoco nos llega su nombre) producto de un supuesto altercado. Es el momento más duro de la confrontación en los planteles de la enseñanza primaria y media en Cuba, y la forma admonitoria en que el Gobierno Revolucionario se propone culminar la nacionalización de toda la enseñanza.

El asesinato de Tarzanito es algo calculado para enfriar «cualquier intento de alboroto contrarrevolucionario» en los planteles estudiantiles, y el crimen se fragua en la denominada Dirección Provincial de la Asociación de Jóvenes Rebeldes (al año siguiente convertida en Unión de Jóvenes Comunistas) y participan oficiales del G2, que aportan la pistola, y espantados dirigentes estudiantiles, alguno que otro tratando de mostrarse como repentinos guapetones.

VERANO 1961: La canoa *Caribe* de la Universidad de La Habana, al mando del líder estudiantil Rolando Cubela, vence por una punta a la canoa de los pescadores apadrinada por Fidel en las regatas de remos de Varadero. Fidel, aunque perdedor y humillado –probablemente su única humillación pública en todo el proceso revolucionario– echa un vistazo a dos de los remeros de Cubela, que parecen haber sido factores decisivos de su victoria: los hermanos gemelos Antonio y Patricio de la Guardia, y, lapidario, Fidel le dice a Cubela, al oído: «Muy pronto estos jimagüitas van a estar en mi canoa».

MARZO 26, 1962: Fidel pronuncia su discurso contra «el sectarismo» –una supuesta tendencia extremista producida por la vieja guardia comunista– y la emprende contra Aníbal Escalante, el más tozudo y avezado de los líderes de esta agrupación. El otro objeto de sus ataques es un alto oficial del Estado Mayor que da por llamar «El Bachiller», y que en realidad es el abogado Juan Escalona Reguera, otro viejo comunista, que 27 años después es el Ministro de Justicia y al que se inviste de fiscal para juzgar a Arnaldo Ochoa Sánchez, el joven y brioso capitán de las Fuerzas Armadas que 27 años antes fue el hombre enviado por Fidel al Estado Mayor para destituir y degradar y «si se ponía pesado» arrestar a Juan Escalona. El conjunto de sus pronunciamientos contra el llamado sectarismo se destina a debilitar la presencia de los viejos comunistas en la administración del Estado –en las FAR y el MININT sobre todo–, y a controlar él, Fidel, todas las jugadas con los soviéticos.

1961-1962: Fusilamientos por centenares, si no por miles, en el Escambray. Imposible en la actualidad hacer un cálculo certero. Testigos presenciales e incluso miembros de los pelotones afirman que «hubo noches a todo lo largo del primer semestre de 1961 de hasta un centenar de ejecuciones en el campamento de La Campana [en las estribaciones de Sierra del Escambray]». Esto me lo contó el mayor Freddy del Toro Moreira, quien fuera miembro de uno de los pelotones de La Campana cuando lo conocí como jefe de un grupo de exploración en Angola en 1981.

Otro de los desmanes cometidos en el Escambray fue el desalojo y expropiación de más de 40,000 familias campesinas, que fueron trasladadas a las ahora denominadas «ciudades cautivas» del extremo occidental del país, para dar cumplimiento a la misma tesis operativa acuñada por Mao Tse-Tung de «quitarle el agua a los peces», es decir, eliminar toda probable base de sustentación de los alzados. Es la cifra (40,000 familias) y el concepto (el agua de los peces) que se manejaba habitualmente en Cuba.

Como se menciona en el prólogo de una edición reciente de *Condenados de Condado*: «Las cifras oficiales cubanas de 1965 aceptaban, sólo en el Escambray, unos 400 combatientes revolucionarios muertos, y 2,000 contrarrevolucionarios "aniquilados," es decir, si no muertos en combate, capturados y rápidamente fusilados. Según las cifras en mi poder, en las filas revolucionarias, como resultado de su enfrentamiento a los episodios que se desprendieron del programa de guerra encubierta que aprobara el Presidente Eisenhower el 17 de marzo de 1960, hubo 3,478 muertos y 2,099 inválidos. Tomen nota. A lo largo y ancho del país, durante cinco años, las tropas revolucionarias combatieron a 3,995 alzados, de los cuales el grueso –3,591– estaba desplegado en el Escambray, una fértil región montañosa en el centro de Cuba. La campaña de contrainsurgencia por sí sola produjo 549 revolucionarios muertos y unos 200 inválidos. No hay datos exactos (al menos para mi colección) de las bajas del bando contrario. Pero de los 3,995 alzados en todo el país, los muertos en combate y, fundamentalmente, los fusilados después de su captura se acercan a los 3,000. La cantidad de bajas no es comparable con los estándares europeos y ni siquiera con el de la Guerra de Secesión, pero eran números dramáticos para la entonces población cubana de casi 7 millones...»

JULIO 3, 1962: Se crea la Sección de Lucha Contra Bandidos (LCB) para combatir a los alzados contrarrevolucionarios desplegados principalmente en Sierra del Escambray.

OCTUBRE 16-29, 1962: Trece días de octubre. Crisis de los misiles. Primera fisura en las relaciones cubano-soviéticas como resultado de que Nikita Kruschov decide unilateralmente (y con el beneplácito, por supuesto, de Estados Unidos) retirar el armamento nuclear desplegado en Cuba.

Tony y un grupo de sus compañeros (a estas alturas no está claro si procedentes de conciábulos nocturnos de La Comuna o de las filas del Ministerio del Interior) elaboran el plan para la voladura del puente de Brooklyn como primer golpe de respuesta a un ataque nuclear preventivo de los EUA sobre la isla. Idea archivada. No lo tomen a chanza. Peores planes de contingencia para «efectuar» en territorio de EUA (o legaciones o propiedades suyas en el extranjero) permanecen vigentes y tienen el calificativo de «factibles» o «viables».[10]

---

[10] Demoledoras acciones de sabotaje han sido ejecutadas por cubanos en fechas no muy lejanas, como la voladura del Puente de Oro en El Salvador o de la refinería de Acajutla. No es territorio de EUA pero bastante cerca, y fueron acciones dirigidas a quebrar el sistema defensivo y de inteligencia americanos. Estudios de situación operativa de las refinerías y los sistemas de compuertas del Canal de Panamá, así como estudios de comportamiento de los ríos de la costa este de EUA, están concluidos hace mucho tiempo, como se ha advertido, además de sus planes de bombardeo a Homestead, la planta nuclear de Turkey Point y el globo cautivo de Tele Martí en Cudjoe Key.

Por cierto, dato curioso: algunos de estos estudios de situación operativa han sido sufragados por los mismos EUA, actuando como pueden hacerlo frecuentemente, con la

Circa Octubre 22, 1962: Inaugurada Villa Marista como dependencia

bondad de los hermanos mayores. ¿Bondad? ¿O ingenuidad imperdonable? Bueno, pues, le informamos a todos los oficiales de EUA encargados de los trabajos del famoso laboratorio submarino denominado Hydrolab efectuados en la isla de Saint Croix en 1981, que tuvieron a bien invitar a un grupo de especialistas cubanos y correr con todos los gastos, que sus invitados y comensales eran el teniente coronel Julio Hernández Socarrás «Alí» –nada menos que el primer médico designado para acompañar al Che Guevara en su campaña de Bolivia de 1967 y veterano de la frustrada batalla anterior del argentino, en el Congo de 1965, –el mayor Jorge Álvarez– que fue el jefe de Operaciones Sicológicas de la DGOE–, el mayor Claudio Menéndez «Honduras» y el teniente Guillermo Julio Cowley, todos fogueados combatientes de Tropas Especiales. Tenían la misión de aprovechar la invitación yanqui para efectuar su correspondiente estudio de la situación operativa. Chequeen los nombres en los archivos.

Aseguren la veracidad de mi información. ¿Su política de buena vecindad?

Bien, cuando la operación de Granada en 1983, Fidel *personalmente* dio órdenes de secuestrar a los estudiantes americanos en la escuela de medicina sita en la isla. El incumplimiento de esta orden fue una de las causas que se invocó contra el coronel Tortoló, comandante de las tropas cubanas en dicha isla, durante el juicio que culminó en su degradación al grado de soldado raso.

Otro ejemplo, y éste bastante trágico: Fidel Castro ha ordenado el fusilamiento de individuos capturados en acción por el sólo hecho de ser norteamericanos. Lo que sigue es un material que es en este libro donde se publica por primera vez. Es la trascripción de un punto secreto de la reunión del Buró Político del Comité Central del Partido Comunista de Cuba efectuada en el Palacio de la Revolución el 19 de febrero de 1987, hacia las 9:00 PM. Ustedes verán qué fiesta de sarcasmo pero, ojo, también qué nivel de decisión y arrojo frente a los hijos de la superpotencia vecina.

Fidel: De aquellos muchachos que cuando se acabó la lucha contra [los alzados] del Escambray, recogimos y mandamos a las escuelas de cadetes, debe haber unos cuantos, fiel [fieles] ahí... Y han hecho cosas, mira que la gente hizo... Yo creo que nosotros, medio en el olvido, porque uno lee un libro de ésos y refresca. Ahí apareció hasta lo de Frías, aquél de Masferrer, que desembarcó por Moa, cerca de Moa, por allá con toda una [banda]... lo agarraron.

Raúl: No, yo estuve allí... No... Eran ex casquitos [soldados batistianos] también [hablan a la vez]...

Fidel: Déjame decirte que habían cuatro yanquis y los fusilamos, sin vacilación ninguna, nosotros agarramos cuatro yanquis, la cosa estaba encendida, pero con qué gusto, digamos...

Raúl: Bueno, Fidel hay que relatar... la sublevación de Imías, ahí se levantó un pueblo contra el comunismo y se levantó, los dos cuartelitos, de los marinos y de los [soldados]...

Fidel: Pero no lo ocultamos, fusilados, fulano, mengano, por andar de invasor aquí. A mí me recordaba [a] Narciso López [un controvertido personaje de las guerras de independencia cubanas del siglo XIX], aquella gente y... Fusilados los cuatro yanquis que vinieron con Frías, de aventureros, pero los fusilamos, tranquilamente, sin discutir con nadie.

Raúl: Los otros eran casquitos.

Fidel: Habían casquitos, habían batistianos.

Raúl: Y a los americanos le echaron [plomo].

Fidel: El Frías ese por fin se portó valiente en el momento en que lo conminaron a rendirse, se puso a combatir y peleó también, los otros se rindieron...

de la Seguridad del Estado, a la que se le han añadido las naves de concreto de tres pisos, para las celdas, con probablemente una de las estructuras soterradas, y «los cuartos de frío», las neveras donde son engavetados los prisioneros que ofrecen resistencia a los interrogadores, los indoblegables. Pronto será reputado como el santuario cubano de la represión. Alfredo Izaguirre «Alfredito», el hijo del mismo magnate de la prensa Alfredo Izaguirre, senador de la República y antiguo propietario de Villa Marista, ingresa en su antigua heredad en condición de prisionero, uno de los destinados a inaugurar «Villa» como sede de la Seguridad del Estado cubana. Ha sido capturado mientras lideraba una operación codificada como «Paty» por la CIA y «Candela» por el aparato cubano y cuyo objetivo era matar a Fidel Castro en un juego de pelota.[11]

CIRCA 1963: Un enigmático hispanosoviético que se hace llamar «Adam», veterano además del KGB, aparece como el hombre para el MININT, el hombre que va a instruir a los mellizos De la Guardia en organización y destino de las Tropas Especiales.

–Con el primer grupo de la Juventud Comunista venezolana, que se entrenó en Cuba en guerra irregular y lucha urbana, presidida por un tal Tirso Pinto, los mellizos De la Guardia inician la subversión de América Latina organizada por los cubanos.

–Los mellizos designados para organizar la primera unidad de lo que años después serán las Tropas Especiales, en Seboruco, cerca de un pueblo llamado San Diego, en la provincia de Pinar del Río, con muchachos que seleccionan de entre los batallones de la LCB. Se denomina Grupo de Operaciones Especiales (GOE), y Tony es jefe de Estado Mayor (segundo jefe) y Patricio jefe de Operaciones y Preparación Combativa.

---

[11] Trasladado luego a la fortaleza de La Cabaña, en la rivera este de la bahía habanera, Alfredo Izaguirre está en capilla ardiente para ser fusilado cuando el viejo dirigente comunista Blas Roca intercede a su favor ante Fidel Castro. Tiene un sólo argumento: el viejo Alfredo Izaguirre le salvó la vida a su hijo cuando cayó en las manos de alguno de los capitanes de Batista. Tiene esa deuda. Un hijo por el otro. Fidel ordena la suspensión de la ejecución.

Agosto 1963: Arnaldo Ochoa, capitán del Ejército Oriental, es ascendido al grado superior de comandante, entonces la máxima graduación en las tropas revolucionarias, y un título que revestía automáticamente de características *cuasi* mitológicas a quien lo recibiera.

Finales de 1963: El primer disidente de las propias filas de la Seguridad del Estado aparece en el mapa político del país. Un joven oficial llamado Virgilio Balmori, que se había destacado en la lucha contra Batista como uno de los más activos dirigentes comunistas de las barriadas habaneras, es degradado y expulsado «del Departamento» porque ha declarado que Fidel Castro es el responsable de todo lo malo que pasa... y de lo que va a pasar (sic.) en el proceso. Años después, hacia 1997 –y aún viviendo en Cuba– pensará que debido a lo inesperado y temprano de su desacato es por lo que escapa y logra llegar con vida –aunque siendo encarcelado esporádicamente– hasta nuestros días.

Circa 1965: Sublevación de la mayoría del personal de combate de la División 50, que exige un sustancial mejoramiento de las condiciones de vida y una actitud menos «abusadora» de parte de la plana de oficiales. Es la principal y más poderosa unidad de combate destacada en las provincias orientales. Fidel viaja en la noche a Baraguá, en las proximidades del perímetro de la División, y envía a tres de sus oficiales, enarbolando banderas blancas, a parlamentar con los líderes del motín. Ellos son los cuatro soldaditos que se presentan desarmados y con su modesto pliego de demandas en dos hojas dobladas en cuatro. Los oficiales enviados por Fidel proceden a cumplir la orden de extraer sus pistolas ocultas y matar a los cuatro parlamentarios de la sublevación de la División 50, que termina en ese mismo instante.

–Se acaba La Comuna. El Chino Figueredo es lírico y nostálgico cuando la describe en su último día: «La participación... en La Comuna fue durante... 1960 al 65. Ya desde ese año prácticamente cada uno había tomado un rumbo diferente por las características de su trabajo o las misiones a cumplir. No se disolvió: yo diría que queda en sesión permanente esperando que cualquiera de nosotros le lleve un mensaje... Ella no es un local ni un grupo delimitado, es más bien un concepto...»

3/INTERNACIONALISMO

ABRIL 24, 1965: Llegan a suelo del Congo cruzando el lago Tanganyika, el Che Guevara y 13 cubanos –después vienen más– que lo acompañarán en su aventura guerrillera del Alto Zaire.

NOVIEMBRE 18, 1965: La aventura concluye sin grandes titulares, como tanto le agradaban al argentino. No han recibido ninguna cooperación del pueblo y el movimiento revolucionario zairense parece un chiste. El pueblo irredento del Alto Zaire, queda demostrado, está más interesado en hacerse de una gallina para la sopa que en lograr la liberación definitiva de la humanidad por la vía del socialismo científico. Fidel –mensajes cifrados por radio– deja la decisión de la retirada en manos del Che, y éste se da cuenta que «La Habana» lo está tirando al foso de los leones. Así que, argentino en retirada. Está de nuevo en el borde del lago Tanganyica, mientras espera el lanchón militar que ha de ir a buscarlo, cuando escribe uno de sus últimos apuntes de su diario altozairense de campaña: «Así es como paso las últimas horas, desolado y perplejo, hasta que, a las dos de la mañana, llegan los botes».

MARZO 1, 1966: Arrestado en La Habana el carismático líder estudiantil y comandante rebelde Rolando Cubela, el «Am-Lash» de la CIA.

Marzo 8, 1966: Rolando Cubela juzgado y condenado a muerte por «alegados actos de contrarrevolución». Fidel le conmuta la pena por 30 años de presidio, de los cuales va a cumplir 14. Por primera vez Fidel quema en el juicio a un oficial de la Inteligencia cubana, Juan Felaifel Canahan, que se hallaba infiltrado en los teams cubanos de la CIA y, al enterarse de que se preparaba un atentado al jefe de la Revolución, reingresó a Cuba para informar. Se menciona también, por primera vez, pública y oficialmente, la existencia de este «servicio», Inteligencia cubana. Luego, en los años subsiguientes, de acuerdo con los comentarios de Tony, se quemaron a otros tres, uno muy importante –Miguel Hevia Cosculluela (¡el hombre que entregó a Dan Mitrione!) –; otro, un charlatán –Nicolás Sirgado– y, finalmente, un borrachín –José Brenes, el agente «Orión».

Verano 1966: Primera infiltración marítima en Venezuela. Arnaldo Ochoa, al frente de un grupo de cubanos, desembarca en Chichiriviche. La operación está a punto de fracasar por la falta de preparación del personal de las pequeñas lanchas Boston Whaler.

–Crisis en las relaciones cubano-soviéticas. Alexander Alexeiev se dejó subyugar demasiado temprano por Fidel Castro y luego, cuando intentó sacudirse de tan poderosa influencia, creó las principales crisis de las relaciones. El Gran Russ queriendo medirse con el hijo del gallego Ángel Castro. Aunque algunos cubanos consideran que el embajador Alexeiev fue «mediocre», y lo recuerdan como «francamente pretencioso y grosero», y dicen que aunque los resultados finales de su gestión diplomática y/o de inteligencia, como quiera llamársele, fueron muy pobres, no deja de simbolizar una etapa.

Octubre 18, 1966: El último alzado contrarrevolucionario de Cuba, José Reboso Febles, capturado días antes en las estribaciones del Escambray, firma a instancias de NF un documento por el que se da por terminada la campaña.

1967: Momento de mayor distanciamiento entre Cuba y la Unión Soviética debido al apoyo cubano a las guerrillas y al fracaso diplomático de Alexander Alexeiev, que no logra cumplimentar su presunta capacidad de domar al líder cubano y de conducirlo por el mismo camino de obediencia de (sic.) «por ejemplo, Bulgaria». En el distanciamiento se incluyen recortes de suministros de petróleo a la isla. La iniciativa es de Alexeiev, que insiste en su pretensión de (sic.) «poner de rodillas» a Fidel y el argumento –que también inventa Alexeiev–, para cerrar la llave del petróleo –«llavear», según el lenguaje de la época– es que Bakú está siendo sometido a reparaciones. Finalmente, Fidel Castro prescinde de todo lenguaje diplomático para exigirle a Alexeiev que se vaya (sic.) «al carajo» y lo bota del país. Marlen Malasov, que era Ministro Consejero de la Embajada, es nombrado Encargado de Negocios. Comienzan el racionamiento de combustible en la isla y los apagones. Pero en 1967 Cuba se da el lujo de no tener relaciones fluidas o estables o comprensibles con ninguna de las dos superpotencias que se disputan la hegemonía mundial. En un caso –los EUA–, ninguna relación. En el otro –la URSS–, apenas. Uno de los principales protagonistas de la Guerra Fría está en esa situación durante 5 años. Ninguna crisis de relaciones alcanza esta magnitud hasta el advenimiento de Gorbachev al poder en 1985.

–Entrenamiento del grupo de cubanos que será infiltrado en Venezuela bajo el mando del comandante Raúl Menéndez Tomassevich «Tomás».

–Por primera y única vez en la historia, el Noticiero ICAIC (siglas de Instituto Cubano de Arte e Industrias Cinematográficos) –una versión criolla de los *newsreel* semanales norteamericanos, aunque de mucha aceptación entre los cubanos de la época–, se muestran escenas de entrenamiento de Tropas Especiales –campo de obstáculos, disparos sobre la marcha, escalamiento de mallas, tiro con pistola automática Escorpión– a tenor de la descubierta presencia del Che Guevara en Bolivia.

MAYO 8, 1967: Menéndez Tomassevich «Tomás» se infiltra en Venezuela por la playa de Machurucuto. Una emboscada del ejército venezolano los está esperando. El cubano Antonio Briones tiene la misión de asegurar el desembarco y regresar. Tomás quiere llegar a la orilla sin mojarse. Imposible. Hay un rompeolas que lo impide. Entonces Tomás ve una luz que ilumina un cocal. Después sabrá que se llama el «Cocal de los Muertos». Tomás le dice a Tony Briones: «Vete». Se abrazan. De acuerdo con lo publicado en la prensa cubana, el desembarco es de los cubanos Ulises Rosales, Silvio García, Harley Borges y Tomás, y los venezolanos Moisés Moleiro, Héctor Pérez y Eduardo Ortiz, dirigentes de la organización MIR, y un campesino llamado Aurelio, que más tarde –desde luego– muere en combate. Se tiran en la arena. Tomás ve que la luz del cocal se proyecta sobre Tony Briones que va empujando la balsa mar afuera. Tomás le dice a sus seguidores que deben aprovechar y se internan en el cocal. Tomás reorganiza su tropita. Atraviesan la carretera Caracas-Barquisimeto y emprenden el camino de las montañas mientras escuchan el fogueo de los disparos que proceden de la playa. Antonio Briones ha regresado para cubrir, en dos alas, la retirada de sus compañeros, los que van a la montaña y los del barco madre.

En una desafiante actitud, *Granma* publica el 05/18/67 un comunicado del Gobierno cubano en que declara que «si fuese cierta la noticia de que el joven cubano Antonio Briones Montoto cayó de dos balazos en la cabeza y yace enterrado a 60 metros de la playa en el cementerio de Machurucuto, por ayudar a los revolucionarios venezolanos, nuestro Partido y nuestro pueblo se solidarizan profundamente con su gesto...» Pero hay, además, dos cubanos capturados vivos, Manuel Gil y Pedro Cabrera, que apoyaban el desembarco pero quedan separados del resto por la sorpresa de la emboscada, y aunque alcanzan la carretera y logran que un vehículo los recoja, son detenidos en una casilla de peaje antes de entrar en Caracas. Días más tarde, Pedro Cabrera «se suicida» en la celda, y la opinión generalizada en Cuba es que Pedrito se desbordó confesando, «habló con cojones». Pero hay un tercer muerto de esta historia –o al menos un desaparecido– del que nunca se habla; los venezolanos, porque todavía no deben saberlo; y los cubanos porque, en primera instancia, no tenían que darse por aludidos ellos mismos de su baja más sensible en Machurucuto si el cadáver no recala y si los venezolanos no preguntan de quién es este muerto; y, en segunda instancia, porque puede haber ciertas consideraciones de carácter operativo que para Cuba nunca ha sido el caso revelar. Se llama Gilberto Pico River y, con Abelardo Abreus «Lalito», eran los mejores marineros de las operaciones especiales. Pico se hallaba en una de las balsas de apoyo del desembarco cuando, supuestamente por el golpe de una ola o de un cabezo, cayó al agua. Fue el primer severo contratiempo de la operación. El barco madre y la balsa de reserva se excedieron en el tiempo de permanencia, a la altura de Machurucuto, a la espera de Pico, el maestro de la natación de combate de la Dirección General de Operaciones Especiales (DGOE), y mientras, veían el resplandor de los disparos en la playa y su eco lejano, y el radar les indicaba que se aproximaba un objetivo que no podía ser otra cosa por su velocidad de desplazamiento que un buque de guerra. Pico no apareció. Nunca. Jamás.

En realidad, la posibilidad de que Pico fuera un doble agente a favor de la CIA y que se lanzó al agua para ganar la costa, resultó determinante en la decisión de Fidel de no mencionarlo bajo ninguna circunstancia en los comunicados y partes de su gobierno. Los restos de Briones fueron devueltos a Cuba por el Gobierno venezolano casi 20 años después y en un ambiente de distensión y acercamiento de sus relaciones. Un monumento con el busto de Tony Briones y los tres nombres de los caídos de una u otra manera por la acción de Machurucuto, grabados con buril en la piedra del pedestal, fue dispuesto hacia 1979 a la entrada de la antigua DGOE. Pico está incluido.

Antonio Briones Montoto
Pedro Cabrera Torres
Gilberto Pico River

Muchachones que habían salido de allí mismo. El comisario político de la Unidad, a quien llamaban «Lengua de Cobre», en la ceremonia solemne de develamiento del busto y, al descubrirse los tres nombres, puso la mano sobre la parte limpia de la piedra, en la que aún sobraba como metro y medio en blanco, y dijo: «De aquí para abajo faltan los nombres de nosotros», a lo que Sergio del Valle, el entonces Ministro del Interior, presente en el acto, debió replicar suavemente con un: «Estas cosas no se pueden improvisar».

Octubre 8, 1967: Che Guevara se entrega al ejército boliviano y es asesinado al día siguiente.

1969: Llega a Cuba el grupo de los sobrevivientes bolivianos que habían participado con el Che Guevara en su postrer aventura. Enviados a entrenar de nuevo a los Petis.

Los Petis son dos centros de entrenamiento de guerrilla que se encuentran en Sierra de los Órganos, al norte de Soroa. Ahí se entrenó el Che Guevara para Bolivia. Eran administrados y dirigidos por la DGOE, también conocida como «Tropas», del Ministerio del Interior. Los Petis eran conocidos como Peti Uno y Peti Dos.

El Peti Uno es la sede de la Escuela «José Luis Estevanel» y da instrucción militar al personal cubano de Tropas Especiales. José Luis Estevanel era un oficial fundador de Tropas, del grupo de Tony y Patricio, que murió en combate en Angola.

El Peti Dos es el centro de entrenamiento de lucha guerrillera para extranjeros y por donde pasa todo el movimiento revolucionario latinoamericano y también de África y Medio Oriente, e incluso un grupo del KGB, con miembros de diferentes departamentos y de las mismas Tropas Especiales soviéticas (la «Spiesnazt») en 1988.
Todavía están en funcionamiento, por cierto.

NOVIEMBRE 18, 1969: Por comer mono. Pedro Rodríguez Peralta (posteriormente llamado «El Manco»), coronel del MININT, nunca con una tarea –seria o específica– asignada, es capturado por las tropas colonialistas portuguesas en la frontera de Guinea Bissau mientras intentaba con un AK-47 cazar uno de estos graciosos animalitos para la cena, acción que resultó en la atrofia de la mano derecha por un proyectil de fusil reglamentario portugués G3.

JULIO 31, 1970: Secuestro del asesor de la CIA Dan Mitrione en Montevideo, Uruguay, por un comando Tupamaro. Un doble agente cubano, Miguel Hevia Cosculluela, ha ofrecido las coordenadas para la acción. La dirección de los Tupamaros titubea ante las indicaciones procedentes de Cuba de que las indicaciones de Hevia Cosculluela son «altamente positivas» –dignas de todo crédito. Les parece imposible que el cubano, la mano derecha de Mitrione, sea en verdad un doble agente. El entonces primer teniente Antonio de la Guardia es el vínculo que les informa: «Confíen y actúen.» Hevia Cosculluela procede a desaparecer de Montevideo antes del operativo y el olfato de Mitrione no alcanza a advertirle que la desaparición de su socio tiene estrecha relación con su propio pellejo.

La enfermedad infantil del imperialismo en toda su plenitud. La enfermedad que es la puerilidad. El tipo estaba concentrado en sus teorías de obtención de confesiones, que era por lo que le pagaban y para lo que Langley lo había enviado a asesorar a la policía política uruguaya, y no había tiempo ni mente para otra cosa, que es la actitud profesional. Estaba en el capítulo del dolor preciso, en el lugar preciso, en la cantidad precisa, para el efecto deseado. Los «Tupas» –como le llamaban sus colegas cubanos– reivindicarían como su gran triunfo moral y muestra de su superioridad ética, que ellos no torturaron a Mitrione cuando estuvo en sus manos. No aplican las tesis –ni los cables a los testículos.

Mitrione tenía que haber estado escuchando su propia voz rebotando en las paredes de su bóveda craneana, el nivel de adrenalina cada vez más alto, en el transcurso del cautiverio. Durante las sesiones ustedes deben evitar que el detenido pierda toda esperanza de vida, porque esto conduce a una obstinada resistencia. Dejen siempre alguna esperanza... una luz lejana. Cuando ustedes obtengan la información que querían, y yo siempre la consigo, puede ser bueno que prolonguen un poco más la sesión de debilitamiento. No para extraer información ahora, pero como una medida política para crear un saludable miedo a entrometerse en actividades subversivas. Recuerden esto. Inmediatamente después de recibir a un prisionero, la primera cosa es determinar su estado físico, sus grados de resistencia, a través de un examen médico. Una muerte prematura significa un fallo del técnico... Es importante saber de antemano si nos podemos permitir el lujo de perder al prisionero. Los Tupas, como antesala de la muerte, ofrecieron un escenario distinto a Daniel Mitrione. No sacan las tenazas de la gaveta. Para empezar, están dispuestos a canjearlo por 150 prisioneros.

–Un antiguo empleado bancario de Montevideo devenido periodista uruguayo residente en Cuba, Ernesto González Bermejo, a quien los cubanos llaman «El Piernas», bajo contrato por la agencia de noticias Prensa Latina para actuar como jefe de redacción de la revista subsidiaria *Cuba Internacional*, es enviado de urgencia a Uruguay para que los Tupamaros lo lleven a entrevistar a Dan Mitrione. En realidad, González Bermejo es un agente de la Dirección General de Inteligencia (DGI), quien en esta ocasión le cambia su nombre, lo provee de documentos falsos y lo introduce a través de sus canales clandestinos en Montevideo. Un periodista uruguayo al servicio de la Inteligencia cubana es infiltrado en Uruguay, no como periodista uruguayo sino como un comerciante inglés.

1970: Antonio de la Guardia designado como jefe del grupo encargado de secuestrar al ex dictador Fulgencio Batista. Tony recibe un curso de «actividad ilegal». Después sale para España a hacer el estudio de la situación operativa. Fidel está de lo más entusiasmado. Quiere juzgar a Batista en la Plaza de la Revolución y ya está pensando en los periodistas extranjeros que debe invitar. También está pensando en crear un comité internacional de juristas que participe en las deliberaciones. Operación «Ratón» es el primer nombre que se concibe y emplea para la operación de secuestro. Luego se le identifica como Operación «88». El número es exacto para lo que se quiere. El 88, en la charada china al uso en Cuba, significa «muerto grande».

AGOSTO 10, 1970: El cadáver de Mitrione es hallado en el maletero de un carro robado. El Gobierno uruguayo había rechazado las negociaciones con los Tupamaros luego de ganar el resuelto apoyo de la administración Nixon. Mitrione había cumplido 50 años en su quinto día como prisionero de una de las «cárceles del pueblo». La ordalía blanda de Mitrione, expuesta con evidente simpatía por sus captores uruguayos y sus lejanos padrinos del Caribe, es el tema del filme *Etat de Siege (State of Siege)*, 1973, el tercer trabajo de conjunto del binomio Costa Gavras director e Yves Montand pre abjuración del comunismo. Todavía hoy es un producto bien facturado, sobre todo para hallar los vectores de influencia sobre *JFK* de Oliver Stone.

SEPTIEMBRE 4, 1970: Salvador Allende y la Unidad Popular ganan las elecciones chilenas, aunque con un estrecho margen de sólo el 36% de los votos a su favor. Empiezan a llegar los cubanos. Intenso *gardeo* cubano sobre Santiago de Chile. Y mucho armamento.

DICIEMBRE 18, 1970: Creación del Ejército de La Habana por orden de Fidel Castro y designación del comandante Arnaldo Ochoa como su jefe.

Circa mayo 1971: Quema de libros en Cuba, en el mejor estilo de la Alemania nazi. La intelectualidad de izquierda occidental, en especial la norteamericana, nunca se entera. Las viejas ediciones de *Así en la paz como en la guerra* y *Un oficio del Siglo XX*, de Guillermo Cabrera Infante, *Fuera del juego*, de Heberto Padilla, *Condenados de Condado*, de Norberto Fuentes, y *Los Siete contra Tebas*, de Antón Arrufat, son entregados al crepitar de las hogueras, pasto de las llamas en las ciudades de Bayamo, Holguín, Contramaestre y Palma Soriano, y desde las otras localidades son sacados de biblioteca los ejemplares aún almacenados y enviados como pulpa para las fábricas de papel. La nueva inquisición. Un oficio del Siglo XVI reactivado.

ABRIL-MAYO 1971: Fidel afloja la tensión –«el muñequeo»–, según el lenguaje de la época y que proviene de saber articular bien las acciones, cuando se pulsea, los codos sobre una mesa, los dos contrincantes cogiéndose la mano derecha, probando fuerzas en el conocido juego de bares de pescadores y otros tugurios. Afloja Fidel y entrega una pieza. En una acción de atropello demostrativa para consumo de los soviéticos arresta al poeta Heberto Padilla y después de un mes de ablandamiento sicológico lo obliga a hacerse una feroz (y también absurda) autocrítica delante de sus colegas escritores y, de paso, embarrarlos a todos con los aires inciertos de un liberalismo que es perfectamente identificable para la policía política cubana como reaccionario y, cuando menos, al servicio de la CIA. Fidel entiende que el escándalo provocado por el «Caso Padilla» cae como una onza de oro en la dura mentalidad de los líderes del Kremlin y que demuestra fehacientemente que él, Fidel, rompe los nexos con el canto de sirena de la trasnochada intelectualidad europea. Es su aporte a una búsqueda de entendimiento con «los hermanos soviéticos». Quema a Padilla como un cerillo después de encender su tabaco. Padilla no lo sabe pero su destrucción allana el camino para las entregas del preciado crudo de Bakú. O por lo menos es el concepto de Fidel. Para los récords: Norberto Fuentes es el único escritor cubano que rebate la «autocrítica» de Padilla y rechaza incriminarse.

Un «muñequeo» anterior, de acuerdo con la tesis regularmente aceptada, la crisis de los embarques de petróleo en 1968 para forzar a Fidel a entrar en la disciplina de los soviéticos había conducido al apoyo de Fidel a la invasión de Checoslovaquia. Ciertamente esto debe haber sido de más valor para los soviéticos que el caso Padilla. Pero sólo *debe* haber sido así. Según la mentalidad y los manejos de Fidel Castro, el cambio de imagen de su conducta hacia los intelectuales era imprescindible, amén de que en el orden interno –con los intelectuales– le permitía mantener la represión extendida hacia estos habituales portadores de «la conciencia social». Lo cierto es que desde entonces comenzó el período de más estable luna de miel entre La Habana y el Kremlin y que duró sin muchos contratiempos hasta el advenimiento de la era Gorbachev.

Ninguno de los intelectuales demonizados brutalmente por Fidel Castro en su discurso del 3 de mayo de 1971 fue mencionado por su nombre. Esa noche Fidel clausuraba un aparatoso Congreso Nacional de Educación y Cultura, que en realidad era su plataforma de ataque contra el grueso de la intelectualidad occidental que le estaba virando la espalda o sometiendo a duras críticas por el arresto de Padilla. Todo alusiones, todo insultos –«pájaros... de mal agüero» (expresión en la que se detuvo deliberadamente después de pájaros para dejar la palabra aislada –pájaros– un equivalente peyorativo de homosexual entre cubanos), «liberales», «pequeño burgueses» y «contrarrevolucionarios» –mas ningún nombre propio, para evitar «darles publicidad gratuita»– amén de poder recibirlos en el futuro como a ovejas descarriadas de regreso al redil. Sartre, Moravia, Sontag, Cortázar y hasta Gabriel García Márquez y dos centenares más de escritores fueron advertidos por Fidel de que no les quería como aliados («no nos defiendan más, compadres») y que nunca más los publicaría en Cuba.

En cuanto a los intelectuales, sobre todo los occidentales, el regaño del Comandante y su ceño fruncido y que los declarara a todos como «unos pájaros» tuvieron el efecto –con muy pocas excepciones (Guillermo Cabrera Infante, Mario Vargas Llosa, Carlos Franqui)– de que prácticamente todos los demás (empezando por Julio Cortázar) e incluso nuevos ingresos (como Gabriel García Márquez) volvieran, cabizbajos aunque agradecidos por el eventual perdón, al redil de Fidel Castro, excitadillas ovejas descarriadas. Todo resuelto. Los grandes tanques de techo resbaladizo y sujeción sobre un eje central que una vez pertenecieron a la Esso Standard Oil, a la Texaco y a la Shell se vieron rebosantes del pesado crudo de Bakú pero nunca más hubo una novela cubana.

Agosto 6, 1971: Batista muere de un derrame cerebral en Marbella, España, luego de una agradable cena con sus hijos en la que estuvo planeando celebrar el 38 Aniversario de la Revolución de los Sargentos que él liderara el 4 de septiembre de 1933, cuando en forma incruenta redujo a la obediencia a los oficiales superiores del campamento Columbia y los cerca de 970 oficiales del ejército fueron de inmediato reemplazados por los cabos y sargentos que le seguían. Ese día, temprano aún, en La Habana, Tony de la Guardia se despide de su primer hijo varón, «Tonito», que duerme en la cuna. Los otros hombres del comando estarán haciendo lo mismo. El avión de Madrid sale de La Habana al atardecer. Ya está fondeado en Marbella el barco de bandera ¿liberiana? ¿panameña? hacia el que se planea trasladar «el paquete» unos pocos minutos después de haberlo secuestrado para esconderlo en sus bodegas y levar anclas de inmediato y cruzar hasta Argelia. Cuando vengan a reaccionar en Marbella, si es que alguien va a querer reaccionar allí, Batista estará, por lo menos, a mitad del Atlántico, en un vuelo charter sin escala desde Argel hasta La Habana.

Septiembre 1971: Tony, para Chile con el primer grupo operativo de Tropas Especiales, responsabilizado del estudio de las unidades militares chilenas y su situación operativa, así como la introducción clandestina de armamento.

–El chileno Max Marambio «Guatón», jefe del Grupo de Amigos del Presidente (GAP), la escolta de Salvador Allende, comienza su proceso de acelerada cubanización. No pierde oportunidad de sumarse al *entourage* del ya legendario Tony de la Guardia, estacionado en Santiago.

Noviembre 10, 1971: Fidel en Chile. Hace un vuelo sin escala Habana-Santiago. Es su primera salida al exterior en 7 años (desde su último viaje a Moscú). La invitación de Allende es por 10 días. Fidel se queda 3 semanas. No se mueve de allí hasta convencerse de que ha minado a cabalidad y minuciosamente los cimientos del gobierno de la Unidad Popular. Un gobierno esencialmente civilista de relativa orientación marxista que no llega al poder por la vía de la violencia revolucionaria. Esa es una situación que Fidel Castro no puede permitirse. Es un triunfo de la democracia occidental, sobre la que Fidel no se cansa de anatematizar como una herejía inviable del imperialismo. A su vez, es la reactivación de las esperanzas soviéticas de competencia pacífica derivada de la única parte que aún mantienen como válida del discurso de Nikita Kruschov y que Fidel ha convertido en la más grande mofa del movimiento revolucionario mundial.

Así que le queda una sola carta en la mano ante el triunfo de Allende, y es la que juega: si no puede hacer una revolución, entonces inventa una contrarrevolución. Ese es el ideólogo que se pasea por todo Chile desplegando el lenguaje tremebundo de la dictadura del proletariado inevitable y de las nacionalizaciones imprescindibles y de la lucha de clases impostergable y al que sólo le falta celebrar los progroms y el Gulag y los paredones y el rodillo aplastante soviético ante su auditorio de comerciantes, vinateros, cultivadores de patatas, ganaderos y cerealeros cada vez más pálidos y aterrados por el futuro inmediato que se les describe.

—Tony es jefe del grupo operativo que garantiza la seguridad de Fidel en el norte del país —desde Santiago de Chile hasta Iquique. Años después, entre risas apagadas y en la intimidad de sus conversaciones conmigo, describe al Fidel de Chile «como un testigo de Jehová cuando anuncia el Armagedón».

El propósito desestabilizador de Fidel en Chile era una moneda de curso regular en las conversaciones entre estos altos oficiales, como Antonio de la Guardia y el mismo Arnaldo Ochoa, que fue el principal escolta de Fidel en su periplo chileno y que participó en muchos de los ingresos de armas de los buques cubanos en Valparaíso, o como el coronel «Felo», de las Tropas Especiales, ya que él mismo fue uno de los encargados del traslado de centenares de AK-47 a través de las valijas diplomáticas que La Habana enviaba a Santiago de Chile en un flujo ininterrumpido de tres AK-47 desarmados por valija.[12]

---

[12] El ex coronel Filiberto Castiñeiras «Felo», de las Tropas Especiales, fue condenado a 2 años de prisión en el transcurso de las célebres causas de 1989. Tuvo una rebaja de pena y cumplió poco más de un año. Aunque se hallaba bajo estrecha vigilancia, logró escapar en balsa a Estados Unidos en 1993.

No sólo era tema de sus conversaciones sino que ellos habían sido las piezas clave de la desestabilización. Fidel fue a ver cuán factible era la posibilidad de que se consolidara el régimen allendista, puesto que era algo que no tenía que ver con ninguna de sus tesis de la toma del poder. Los aliados de él en el terreno, como los chilenos del MIR, consideraban imprescindible lo que llamaban «radicalizar a las masas» para poder ir a una confrontación violenta para tomar *todo* el poder a la fuerza. O sea –como puede verse–, compartían la visión de Fidel. Cuando Fidel descubre lo débil de «la movilización de las masas» –¿no recuerdan el acto en que el estadio de Santiago estaba medio lleno cuando él iba a hablar y dijo que en Cuba eso no pasaría?– y la falta de garra de Allende, salió convencido de que lo derrocaban. Así que siguió metiendo armas y ayudando en forma más o menos encubierta a crear todos los problemas y contradicciones posibles dentro de las mismas filas revolucionarias, o izquierdistas, o socialistas, o allendistas, o como quiera llamársele.

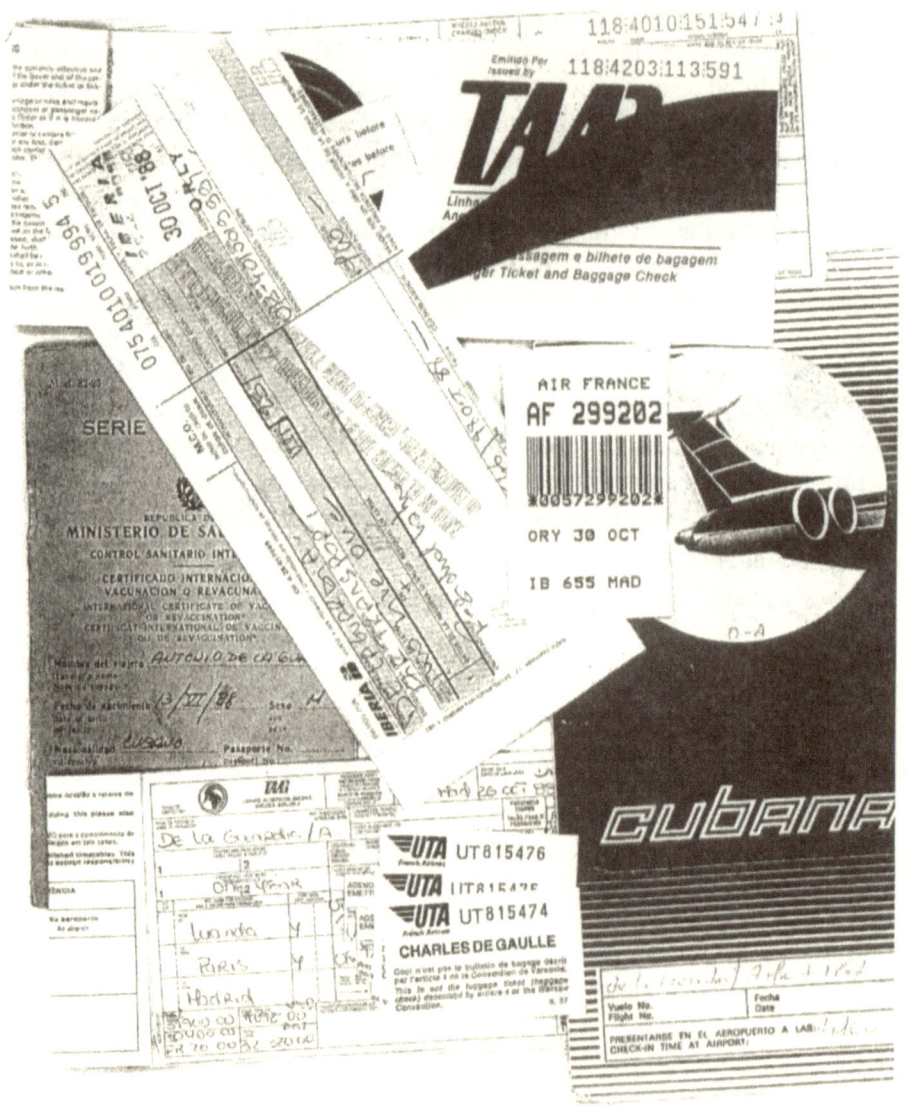

INVENTANDO EL AFRIKA KORPS.
Los documentos de viaje del coronel Antonio de la Guardia.
Los originales se hallan en posesión del autor.

4/LAS MISIONES DE FIDEL

1971-1972: Retorno a la normalidad de las relaciones cubano-soviéticas. Nikita Tobuleyev, miembro del Comité Central del PCUS, es designado embajador en La Habana. Tiene la misión del Buró Político y de Leonid Brezhnev, personalmente, de restablecer a plenitud «la hermandad entre Cuba y la Unión Soviética». Ni antes ni después, nunca, hubo un emisario soviético de más poder ante las autoridades cubanas.

PRIMAVERA 1972: Fidel realiza periplo por África y por el campo socialista, –incluyendo Viet Nam– pero exceptuando China y Corea del Norte.

MAYO 15, 1972: Fidel Castro, en la República de Guinea, África, con su viejo compinche Sekou Touré, se enfunda de blanco –aunque con canana verdeolivo a la cintura y la pistola Stechkin de 20 tiros en su cartuchera de cuero negro a la derecha– y se traslada a un río cuyo nombre y curso nunca será revelado y donde «se hace un trabajo»– una de las tantas ceremonias Yoruba, que en su caso tiene por objeto investirlo de poderes y protecciones especiales.

Mayo 27-30, 1972: Fidel Castro en Rumanía. En una recepción palaciega, rodea con sus enormes guardaespaldas cubanos a Ceausescu y le endilga el insulto de homosexual (dicho de la manera más obscena posible, que entre cubanos era «maricón») por sus tratos con Nixon. «Tú eres maricón», le dijo, y tomando a su traductor por un brazo, exigió: «Dile que él es maricón. Traduce eso.»

–Fidel Castro en la URSS: Fidel (no sólo simbólicamente) recibe la espada de Mariscal de la Unión Soviética de manos de veteranos combatientes de la Segunda Guerra Mundial. *Tavarich marchal Fidel ya Castro Ruz*.

–Richard M. Nixon está en la misma onda de negociar con él. Pero Fidel se le muestra elusivo, renuente. No quiere perder su discurso antiimperialista, y sigue acusando a Nixon de criminal de guerra (por el conflicto de Viet Nam y por los celos que le provoca el romance con el viejo Mao) y obliga a toda la prensa cubana a cambiar la equis del mandatario norteamericano por una swástica y que de esa manera aparezca siempre. No perderá la oportunidad, cuando Nixon vaya a Pekín, de llamarlo TIGRITO DE PAPEL en un titular en sólidos tipos rojos que cubrirán la primera plana del periódico oficial *Granma*. Una swástica inclinada para proteger a Fidel Castro del potencial abrazo de Richard Nixon fue el aporte obligado de unos sudorosos tipógrafos cubanos, mulatos todos, y en camisetas, y mordisqueando rabiosos tabacos, a la sobria gracia de la legendaria familia tipográfica que un Stanley Morrison, hombre abstraído por la búsqueda de la certeza lo mismo fuera en la tipografía que en el sentido de la vida, y persuadido eternamente de que todo debía ajustarse a un molde para evitar la anarquía, creará en 1932 para las planas del *The Times*, y que era el único tipo que parecía sobrevivir en las linotipias heredadas por la Revolución, aparte de algunos linotipos cargados con familias Garamond y Palatino. El legado del maestro Claude Garamond usado por primera vez desde la edición de 1530 de *Paraphrasis in Elegantiarum Libros Laurentii Vallae Erasmus* convertido también en pasto de la injuria, en una obstinada grafía que ha de durar lo que dure Nixon como mandatario. Divertimento de este hijo de gallegos amante de las espesas e hirvientes fabadas consumidas bajo el tórrido sol del verano cubano mientras sudas como un caballo y los gases te quieren hacer reventar el estómago y el tiempo se detiene en esas sofocantes, interminables colonias cañeras, como las que el viejo Ángel Castro le robaba a la United Fruit. Y la swástica ahí, clavada, en el medio del apellido del pobre hombre. Nixon.

JUNIO 5, 1972: Cinco hombres con identificaciones falsas son capturados en las oficinas del Comité Nacional Demócrata, situado en el complejo de edificios Watergate, en Washington.

Uno de los cinco (y de inmediato célebres) «plomeros» es Eugenio Rolando Martínez «Musculito», un «hombre de La Habana» –nuestro hombre en Washington. Un topo de Fidel Castro, según descripción de algunos muertos como Antonio de la Guardia, pero también de algunos vivos perfectamente localizables en la isla (al menos hacia el invierno de 1998), como el ex coronel José Luis Padrón, el ex general Patricio de la Guardia y un selecto personal de la Seguridad del Estado y Tropas Especiales y la DGI, y el ex teniente coronel Michael Montañez «Maico», al que no dejan entrar en EUA y que sería conveniente hacerlo para tener acceso a sus declaraciones, pero apúrense puesto que padece de graves enfermedades y ya tuvo un *stroke*. Es un testigo de cargo único del traslado clandestino del famoso «Musculito» desde Jamaica hasta Cuba para que, después de cumplir prisión por el asunto de Watergate, se entrevistara con Fidel. No debe bastar con la feroz negativa que pueda esgrimir «Musculito». Su conocido argumento de que su objetivo en Watergate era obtener pruebas del envío de dinero de Castro al aspirante presidencial George McGovern, hace aún más tangible la versión de que Fidel estaba conspirando contra McGovern precisamente.[13]

---

[13] ¿Conspirando contra McGovern? La lógica partidaria demócrata obliga a ver a Fidel Castro como un aliado potencial, alguien que de forma natural va a inclinarse siempre a apoyar, entre los dos colosos de la política yanqui, a los que están más cerca al concepto de «izquierda». Pero esa es la lógica y Fidel Castro lo sabe muy bien. Tan fascinante como en exceso enigmático, el proceder es explicable. Si siguen este hilo de Ariadna llegarán al núcleo que impulsa su conducta, o para decirlo linealmente: la lógica de su lógica, que es no comprometerse. Primero: la lógica del enemigo es uno de mis conocimientos para manipularlo (y todos los americanos son sus enemigos, no se hagan ilusiones). Tener una lógica es ya un error frente a Fidel Castro porque es poner en sus manos información, saber él dónde están los límites del enemigo sobre los que debe trabajar. Segundo: no hay aliados de por vida, sino circunstanciales. Esto es además válido para sus más cercanos colaboradores (v. gr. Huber Matos, su más brillante oficial ejecutivo en la Sierra Maestra, condenado por traición a 30

Junio 6, 1972: Sesiona en Lisboa el juicio contra el capitán Pedro Rodríguez Peralta, el único cubano capturado por las fuerzas contraguerrilleras lusitanas en cerca de 10 años de vivaqueo de guerrillas entre La Habana y un número considerable de colonias africanas.

Junio 9, 1972: El tribunal militar de Lisboa condena a Pedro Rodríguez Peralta a diez años y un mes de prisión.

Octubre 1972: Tony de la Guardia regresa a Cuba y se le responsabiliza con planificar, organizar y ejecutar la infiltración en las costas de República Dominicana del coronel Francisco Caamaño.

1973: Comienza la saga Vesco. Acusado por el saqueo de 224 millones de dólares de la Investment Overseas Services, una empresa de inversiones para pequeños ahorristas con base en Ginebra, desaparece de EUA después del envío ilegal de 200,000 dólares para la campaña de reelección de Richard Nixon. Primero, Bahamas. Luego, Costa Rica (74-78). Entonces, regresó a Bahamas y después pasó a Nicaragua y, desde allí (79), al menos contactando con cubanos y desde el 82 aterrizando en Cuba con cada vez mayor frecuencia.

---

años de cárcel; Arnaldo Ochoa, el héroe invicto de las campañas de Etiopía y Angola, fusilado por traición; José Abrantes, el celoso guardián de su vida desde el inicio de la Revolución, condenado a 20 años de prisión y asesinado luego en la cárcel; y en el extranjero, el caso clásico de Salvador Allende), y si éste es el destino que él depara para sus hermanos de lucha, ¿a qué quieren aspirar esos gringuitos del Senado o del State Department o de la Casa Blanca por el simple hecho de que todo el mundo piense que McGovern, Frank Mankiewiz y Kirby Jones quieren ayudar a Fidel? Ellos lo que le dan a Fidel es el acceso a los centros de poder americano. ¿No quieren creerlo? Pues aténganse a sacar esta cuenta sencilla: ¿A quién le hizo la vida imposible Fidel Castro, a Jimmy Carter o a Ronald Reagan? No obstante, cualquiera que haya sido el tema –o el conjunto de ellos– que Fidel Castro conversara con Martínez, se ha conservado como uno de los secretos más impenetrables y mejor guardados de la Revolución Cubana y de sus servicios especiales. No es para menos. ¿Qué puede pasar el día que alguien realmente se decida a preguntar qué hacía en Watergate un hombre que Fidel Castro reclama como suyo? Lo primero que pasa es que la historia de Estados Unidos hay que cambiarla. ¿Cómo dice? ¿Qué uno de los famosos «plomeros» del escándalo que destruyó la presidencia de Nixon no era bueno?

FEBRERO 12, 1973: Comandos de la resistencia dominicanos anuncian que el coronel Francisco Caamaño Deñó está al frente de las guerrillas en su Santo Domingo natal.

FEBRERO 20, 1973: *Granma* acepta la muerte en combate de Caamaño.

SEPTIEMBRE 11, 1973: Asalto al Palacio de la Moneda en Santiago de Chile y muerte de Salvador Allende.

DICIEMBRE 2, 1973: Ochoa y otros altos oficiales reciben de las manos de Fidel el nuevo grado de comandante de Brigada, equivalente natural al brigadier del resto de los ejércitos del mundo. Este es el primer paso de las Fuerzas Armadas Revolucionarias para la asimilación y uso de los grados militares convencionales en el mundo contemporáneo y disponer para su adecuada jerarquización de generales, coroneles, etc. También fue un paso para compatibilizarlos con los rangos militares prevalecientes en el mundo soviético como parte de la asimilacion de Cuba dentro del sistema y doctrina militar del Bloque.

SEPTIEMBRE 19, 1974: Secuestro de los hermanos Juan y Jorge Born por los Montoneros en Argentina. Liberados –respectivamente– siete y nueve meses después del rescate más alto nunca antes pagado por un secuestro –46 millones de dólares.

Tony –directamente de Fidel– recibe la misión de ejecutar el lavado de los 46 millones de dólares que venían del secuestro de estos acaudalados argentinos, debido a la exitosa operación de los Montoneros. Mario Firmenich «El Pepe», líder máximo de la agrupación argentina, solicita a Fidel que lo ayude en el lavado.

1974: Un golpe militar incruento depone al emperador Haile Selassie, que rigiera en Etiopía desde 1916.

NOVIEMBRE 10, 1975: Se inicia la más grande aventura militar jamás emprendida por un país subdesarrollado: la conquista de Angola por Cuba, separados por 12,000 kilómetros de mar Atlántico y superando Angola a Cuba por 11 veces su tamaño. El primer destacamento de 82 hombres de Tropas Especiales desembarca en Luanda para contener la acometida de los ejércitos regulares de Sudáfrica y Zaire y los movimientos extendidos de guerrillas nativas UNITA y FLNA armadas por casi todo el mundo (China comunista, Israel, Sudáfrica, Estados Unidos). Es *the Fidel's finest hour*. Una *finest h*our que dura 15 años y de la que sale siempre victorioso. La expectativa norteamericana de que Angola se convirtiera en el Viet Nam cubano no logra corresponderse nunca con la realidad. Al final de la historia y luego de meter allí más de medio millón de hombres, Fidel tiene 2,000 muertos; de ellos, sólo la tercera parte en combate; otra tercera parte, en accidentes; y la otra, por enfermedades.

1976: Haile Selaisse muere a los 81 años destronado.

CIRCA 1976: Nadie lo supo nunca, pero Mengistu Haile Mariam, el líder principal de los golpistas etíopes, se presenta sorpresivamente a bordo de un viejo Boeing 707 de la Fuerza Aérea de su país en el aeropuerto cubano de Camagüey, hacia el oriente de la isla. Quiere entrevistarse con Fidel Castro para solicitarle la misma ayuda en tropas que se le ha suministrado a Angola. Aunque Fidel simpatiza de inmediato con el personaje, se resiste por lo pronto a enviarle tropas en abundancia. Concede el envío de «una o dos compañías de seguridad y asesoramiento». Puede mandarle al general Ochoa más adelante. Fidel despide a Mengistu en el mismo aeropuerto de Camagüey. Cuando el avión despega y hace un amplio banqueo para girar sobre el aeropuerto y comienza a trepar y a perderse en la distancia, Fidel levanta la mano y la mueve como un blanco pañuelo y dice, con voz poderosa: «¡Adiós, valiente!»

OCTUBRE 6, 1976: Atentado en pleno vuelo contra un avión civil cubano en la isla caribeña de Barbados. Perecen los 73 ocupantes. Pocos días después, las autoridades venezolanas detienen a los cubanos Luis Posada Carriles y Orlando Bosch, señalados como autores intelectuales del crimen, y a dos venezolanos, los fotógrafos «operativos» de la policía política de ese país, Hernán Ricardo y Freddy Lugo, como autores materiales –acusados de poner la bomba de tiempo en la escala de Barbados.

El avión despegó a las 13:15 PM y comenzó a trepar. Era el CU-455, un DC-8 modelo DCS-43 de la Empresa Consolidada Cubana de Aviación. Entonces la torre de Barbados recibió un mensaje del piloto que reportaba una explosión –«tenemos una explosión a bordo»– y agregó su intención de regresar al aeropuerto para un aterrizaje de emergencia. En el radar se dibujó un banqueo por la derecha, hacia el aeropuerto, y pérdida súbita de altura. Las por lo menos 23 personas que presenciaron los últimos movimientos del CU-455, algunos pescadores o turistas en la playa, vieron salir una espesa columna de humo del fuselaje del avión, convertido ya en algo monstruoso que se abalanzaba sobre la playa, una presa herida de muerte. El avión pareció intentar una nueva trepada, pero volvió a perder altura y se precipitó en el mar. El tren de aterrizaje estaba afuera. El avión se hundió rápidamente pero al recibir el impacto con el agua, se quebró. Quedaron flotando 15 cadáveres, 14 maletas y partes del fuselaje de la nave, así como cojines, asientos y pedazos de baño. El avión se hundió a una profundidad de 600 metros.

–En las honras fúnebres de las víctimas del avión saboteado, celebradas en la Plaza de la Revolución de La Habana, Fidel «quema» a Nicolás Sirgado como oficial de la Inteligencia cubana, para argumentar que la CIA continuaba operando contra él y que esa «mano siniestra» se hallaba tras el atentado al avión. Sirgado era un juego operativo cubano pero de poca monta. A tenor de ser secretario de Osmany Cienfuegos, un alabado dirigente revolucionario de característica voz fañosa, obtenía información (que desde luego estaba previamente lavada por la Seguridad cubana) y la ofrecía a sus contactos de Langley cuando viajaba al extranjero. En realidad, un parlanchín que estaba reclutado en La Habana.

DICIEMBRE 2, 1976: La «institucionalización» del proceso comienza, Fidel es nombrado Presidente del Consejo de Estado y Presidente del Consejo de Ministros; Raúl Castro, vice de los dos Consejos.

–Fidel añade a la estrella de plata sobre rombo rojo y negro de sus grados de Comandante en Jefe, los ramos de olivo y de laurel, equivalente cubano de mariscal.

Circa 1976-1977: Tony designado para infiltrar en Cuba desde Jamaica, y después volverlo a infiltrar en Jamaica a través de las costas, a uno de los cubanos procesados en el caso Watergate con el que Fidel quería entrevistarse, el célebre «plomero» Eugenio Rolando Martínez «Musculito».

–La más importante operación de los cubanos con el Frente Democrático para la Liberación de Palestina (FDLP) es ejecutada por un reducido *team* dirigido por Alfredo Sugve del Rosario y Filiberto Catiñeiras «Felo» y consiste en trasladar a Cuba miles de lingotes de oro, piedras preciosas, joyas, piezas de museo, con un valor apróximado de mil millones de dólares. El «botín» es resultado del asalto a los bancos del Líbano entre 1975-76.

Los palestinos sostienen que es una operación de larga data, que le ocupará a los cubanos varios meses. Los cubanos se proponen efectuarla en menos tiempo. El coronel Castiñeiras viaja a La Habana y le propone un plan a Abrantes, el mítico jefe de Seguridad del Estado. Trasladar «la mercancía» en un tiempo récord, y hacerlo en sacas marineras y en vuelos comerciales Beirut-Moscú-Habana. El personal debe ser de correos diplomáticos cubanos, operando en parejas. Abrantes aprueba. Y la operación se efectúa, sin contratiempos, en 28 días escasos. Fidel recibe en la escalerilla del avión a la última pareja encargada del traslado—los propios coroneles Sugve del Rosario y Castiñeiras—y los califica de «verdaderos héroes».

La fortuna es puesta en exhibición sobre once mesas enormes, procedentes de comedores obreros, y situadas en las bóvedas de un banco de la barriada de El Vedado. Se refuerza la vigilancia del banco con protección de pelotones de Tropas Especiales las 24 horas del día. Fidel en persona organiza *tours* del Buró Político a las bóvedas, donde supuestamente se pueden ver hasta gemas y piezas de la época de Cristo. El destino del tesoro es desconocido hasta el día de hoy.

1977: Fidel ordena la preparación de un operativo para golpear a Miami. Comienza a buscar sus tontos útiles en la comunidad intelectual norteamericana.

–Fidel comisiona tareas operativas con las autoridades de EUA –el Departamento de Estado y el FBI especialmente– al coronel y miembro del Alto Mando del Ministerio del Interior, José Luis Padrón, y al coronel Antonio de la Guardia. Es decir, los yanquis «pretenden» establecer las bases para un eventual restablecimiento de relaciones y levantamiento del embargo, y José Luis y Tony son los negociadores. La ilusión procede exclusivamente del bando yanqui. Ellos son los que invitan y mandan los aviones ejecutivos, aunque los planes inmediatos de Fidel no guarden relación alguna con gobernar un país tan normal que no tenga embargo y que desconozca el lenguaje de la confrontación. La dirección del golpe principal de nuestros dos emisarios, los coroneles, es el FBI. Fidel quiere la confianza del Buró como puente para el control de Miami –aún más exhaustivo del que tiene.

–El FBI contacta a Mario de la Guardia para tratar de producir un encuentro casual con su hermano Tony en los viajes a EUA que está realizando con José Luis Padrón bajo patrocinio del Departamento de Estado y el mismo FBI, a lo que Mario se niega. No tiene nada que hablar y –argumenta Mario– el encuentro puede resultar desagradable.

Febrero 3, 1977: Unos 200 jóvenes oficiales y miembros del «DERG», una especie de Estado Mayor de la Revolución Etíope, también conocido por las siglas PMAC del nombre en inglés Provisional Military Administrative Council (Consejo Administrativo Militar Provisional) perecen en una masacre perpetrada en la sede del gobierno en el antiguo palacio real, donde estaban reunidos con intención de crear «una dirección colegiada» de la Revolución. Dirección –colegiada por supuesto, significaba que Mengistu Haile Mariam dejaba de tener el poder absoluto. Con la colaboración del jefe de las fuerzas de seguridad del palacio, dio su golpe en el mejor estilo mafioso y sencillamente emboscó y ejecutó a sus opositores en los mismos terrenos del palacio. Opositores y sospechosos de serlo. A todos los meten en el saco. Fuego con ellos.

Una compañía reducida de cubanos, casi todos oficiales de la Contrainteligencia Militar (CIM), son los encargados de acometer la tarea. Es parte del personal de asesoramiento y seguridad que ha estado llegando a Addis-Abeba. Algunos civiles cubanos –«pero compañeros de toda la confianza»– también participan. El acarreo de esta acción por parte de jóvenes militares cubanos y algunos técnicos agrícolas y diplomáticos, de la misma nacionalidad, que se ofrecieron voluntarios y pletóricos de alegría para participar en la operación del palacio es nuestra versión, aunque sea en mucho menor escala, de la ejecución de unos 15,000 oficiales del ejército polaco acometida entre mayo y abril de 1940 por unidades punitivas del NKVD en los bosques de Katyn.

Los soviéticos airearon el 02/6/89 los primeros documentos sobre su propia participación en la masacre. Gorbachev mismo admitió en abril del 90 la responsabilidad de la URSS en el crimen, por el que el Kremlin había inculpado a la Alemania nazi durante 50 años. Pero no se les ocurra pensar que algún día se hallará la documentación pertinente para encausar a los cubanos por la masacre del palacio de Addis-Abeba que consolidó durante más de una década el poder de Mengistu. Esos papeles no existen, porque nunca se hicieron. No crean que van a encontrar otro documento de este centenar de cubanitos asesinos que no sea el testimonio contado de memoria en un párrafo perdido de un libro. Este párrafo. Este libro. Allá los tontos de la oficialidad soviética que atestaban sus crímenes. El hecho es que, ni siquiera la aplastante y domeñadora maquinaria estalinista pudo vencer o superar las rigurosas exigencias del aparato burocrático heredado del zarismo.

FEBRERO 4, 1977: Mengistu Haile Mariam es elegido líder indiscutido de la Revolución Etíope «por unanimidad» de los miembros residuales del PMAC. Ningún voto en contra. Ni abstenciones.

MARZO 14-15, 1977: Fidel Castro es el primer jefe de Estado que aterriza en Etiopía después del golpe de Mengistu. La masacre de Palacio es remitida, condonada por Fidel –en una conversación con Erich Honecker un mes después– como «un punto de giro en el desarrollo de la Revolución Etíope cuando ... una decisión consecuente fue tomada para enfrentar el desafío de la derecha...»

MARZO 16, 1977: Fidel está de periplo por la zona y su primer invento es la creación de una Confederación de Estados Marxistas del Cuerno de África a partir de la unión de Etiopía, Somalia y Yemen del Sur.

ABRIL 1977: Fidel aterriza en Berlín y comienza la tarea de persuadir a su contraparte alemana, Erich Honecker, a quien le dice que «en África podemos infligir una severa derrota a toda la política reaccionaria del imperialismo. Podemos liberar África de la influencia de los yanquis y de los chinos ... Etiopía tiene un enorme potencial revolucionario ... De modo que podemos contrarrestar la traición de [el presidente Anwar] El Sadat en Egipto ... Debemos adoptar una estrategia integral para el África completa».

NOVIEMBRE 1977: Dos meses después de que fuerzas somalas capturaran Jijiga, las tropas cubanas llegan a Etiopía. La guerra va a ser en el Ogadén. Para el final de noviembre los soviéticos inician un puente aéreo que asombrará –y pondrá a correr a los servicios occidentales– con un estimado de 225 aviones de transporte en el trasiego, que equivale al 15 por ciento de su flota aérea. El suministro, entre noviembre del 77 y febrero del 78 –tiempo récord –, es 80 aviones de combate, 600 tanques y 300 transportadores blindados. Cuba despliega 17,000 de sus mejores hombres, incluidas tres brigadas de combate con experiencia en Angola. Ochoa al frente de los cubanos y Vasily Ivanovich Petrov, que dirigió las tropas soviéticas en el conflicto con los chinos en 1969, es el hombre designado por el Kremlin para el TOM (Teatro de Operaciones Militares) en Etiopía.

CIRCA INVIERNO 1977: CIMEX, sociedad panameña con capital cubano, fundada con el fin de obtener algún beneficio económico con las visitas organizadas bajo la presidencia de Carter de cubanos residentes en Miami –es decir, según Fidel, «saquear a esos hijos de puta». El chileno Max Marambio «Guatón», ahora mayor del MININT, es el goloso personaje puesto al frente del negocio. Jean Francois-Fogel y Bertrand Rosenthal en *Fin de siglo en La Habana* justifican la presencia del MININT «por razones de seguridad».

MARZO 9, 1978: La ofensiva cubano etíope en el Ogadén es indetenible y el presidente somalo Mahammad Siad Barre anuncia la retirada de sus tropas.

–Sublevación de un batallón cubano participante de la campaña del Ogadén. Vuelven a repetirse las demandas: mejores condiciones de vida y refrenar el trato abusivo de los oficiales. Pero se añade el deseo de regresar cuanto antes a la Patria puesto que la misión de combate ha sido cumplida y ellos no son tropa de ocupación. Sólo la inmensa autoridad moral de Ochoa, que se presenta desarmado en el punto donde está acantonado el batallón, evita una escalada de consecuencias graves. Fidel ordena desde La Habana que el batallón completo sea desarmado y puesto a bordo de un barco y servido hacia la isla. Una compañía reforzada de la Contrainteligencia Militar (CIM) es agregada a la travesía, estos hombres sí armados hasta los dientes. A la altura del canal de Suez y durante toda la travesía de 161 kilómetros por la instalación, el batallón es obligado a ocultarse en las bodegas y se les advierte que hay órdenes de disparar a cualquiera que saque la cabeza. El temor de los oficiales de la CIM es que los sublevados intenten saltar del barco.

Nadie escapa y la nave con su batallón cautivo entra por la boca del puerto de La Habana. Fidel se reúne con ellos al día siguiente en una apartada unidad militar. Tiene esa condescendencia porque no quiere que la historia llegue a conocimiento de mucha gente. Asegura que se va a realizar una investigación a fondo y que se tomarán rigurosas medidas disciplinarias con los oficiales que se hayan excedido en sus funciones. Pero quiere pedirles «de combatiente revolucionario a combatiente revolucionario» que no se hagan más comentarios sobre el asunto y que la cosa quede allí. El pacto queda sellado. Hasta donde se conoce, ninguno de aquellos cerca de mil hombres de un batallón de combate de internacionalistas cubanos vuelve a mencionar el asunto.

–Los oficiales de Tropas Especiales Max Marambio «Guatón», Víctor Peña y Michael Montañez «Maico» pasan en prestación de servicio (fórmula cubana del traslado temporal) a la vida civil para cooperar en la creación de la Corporación CIMEX, S.A. (acronímico de Corporación de Importación y Exportaciones, Sociedad Anónima). El dinero es del Ministerio del Interior. Va a tener un frente «público» y otro de operaciones encubiertas. Desde CIMEX se concebirán y ejecutarán las primeras operaciones con narcotraficantes dirigidas por Max Marambio, que es nombrado Director General de la Corporación. Tienen su primera sede en un apartamento de un modesto edificio de El Vedado, en la intersección de las calles 20 y 21. Después ocupan la graciosa residencia de 3 y 8, en el aristocrático Miramar. Para los efectos operativos secretos del Ministerio del Interior, la corporación es la Dirección «Z» de la Dirección General de Inteligencia. Pronto, cuando venga Vesco, va a estar aquí como en su casa.

1978: Aero Caribbean, la compañia de vuelos charter operada de trasmano por la DGI, está basificada en Fort Lauderdale, donde resulta más efectivo y adecuado mantener su flota de aviones ejecutivos.

1978-1979: José Figueres, presidente de Costa Rica, tiene un elefante blanco en el patio. Aprovecha la presencia de cubanos en la zona fronteriza con Nicaragua y después sus excelentes relaciones con los sandinistas en el poder, para solicitarles que se lleven a Vesco para Cuba.

–Pese a que el Gobierno cubano ha aceptado que la presencia de Robert Vesco en La Habana nunca es anterior al 12 de octubre de 1982, lo cierto es que Vesco será el principal cliente de Aero Caribbean desde 1979. El fugitivo del FBI, Robert Vesco moviéndose a sus anchas por toda la cuenca del Caribe en los Lear jets de una flota perteneciente a los servicios de inteligencia cubanos que se basifica y gasea en Fort Lauderdale.

–Creación del Puesto de Mando de la DGOE desde donde Fidel Castro dirige la última ofensiva del Frente Sandinista de Liberación Nacional contra la Guardia Nacional de Nicaragua comandada por Anastasio Somoza. Primera guerra teledirigida del continente americano.

–Tony de la Guardia nombrado jefe del grupo operativo que se traslada a Costa Rica para organizar las operaciones en el sur de Nicaragua. Renán, Juanito, Pino y «Salchicha». Tony organiza, planifica y ejecuta la primera operación de envergadura en el sur de Nicaragua, la toma de Peñas Blancas, con la guerrilla de Edén Pastora. Tony organiza y dirige toda la infiltración del armamento y municiones procedente de Cuba.

–Tony sustituido por no hacerle caso a las indicaciones de Fidel en cuanto a la distribución de armas y gasto de municiones.

—Tony —sustituido o no de su responsabilidad— está combatiendo en Nicaragua, y Patricio está en la Escuela Superior de Guerra, cuando José Luis Padrón y Max Marambio inician un extraño tráfico en Punta Hicacos, Varadero, al cambiar un lujosísimo yate traído desde las marinas de Florida por dos narcotraficantes presos en Matanzas, la ciudad cercana. Padrón y Marambio cumplen órdenes directas de Fidel. (Es lo que explican al general Patricio luego de invitarlo un fin de semana a Varadero y mostrarle el yate objeto del trueque.)

—Padrón y Marambio efectúan dos operaciones más de esa clase en Punta Hicacos por órdenes de Fidel: cambio de narcotraficantes presos por lujosas embarcaciones.

—Guerra de Nicaragua en su apogeo y Fidel Castro desplegando todos sus recursos diplomáticos, militares y de propaganda para que los sandinistas lleguen a Managua «antes de que los yanquis se metan».

JULIO 19, 1979: Antonio de la Guardia entra con la columna sandinista de Edén Pastora, el comandante «Cero», en Managua.

JULIO 20, 1979: Consolidado el triunfo de los sandinistas.

CIRCA AGOSTO 1979: Los primeros contactos del coronel del MININT, José Luis Padrón —«el niño lindo de Fidel»— a través de los *nicas* y la gente de Figueres de Costa Rica con el fenómeno Vesco. El tipo huyendo aún con los famosos 224 millones del fondo de inversión de pequeños ahorristas de Investor Overseas Service. Tanto dinero y ningún lugar donde meterse. Vesco el Errante.

—Fidel decide que sus principales oficiales en Managua adopten la nacionalidad nicaragüense. Especialmente Tony, para que se quede allí como jefe de los llamados Ejércitos de Montaña (un tipo de organización de combate que al parecer no prosperó finalmente), y Renán Montero «Moleón», el antiguo enlace del Che en La Paz, Bolivia, pero deslucido y de pocas luces y de una ambición siempre contenida por su vocación por la obediencia, como jefe de la Inteligencia Militar de los sandinistas.

Tony logra evadir el bulto. Renán se queda hasta el último día del Gobierno sandinista.

–Fidel decide que Tony organice y que comience a ejecutar, a la mayor brevedad, la infiltración de armamento en El Salvador y Guatemala para la guerra que Cuba organiza y cultiva en Centroamérica desde fines de los 70, lo que hace brillantemente, teniendo que viajar continuamente a Nicaragua.

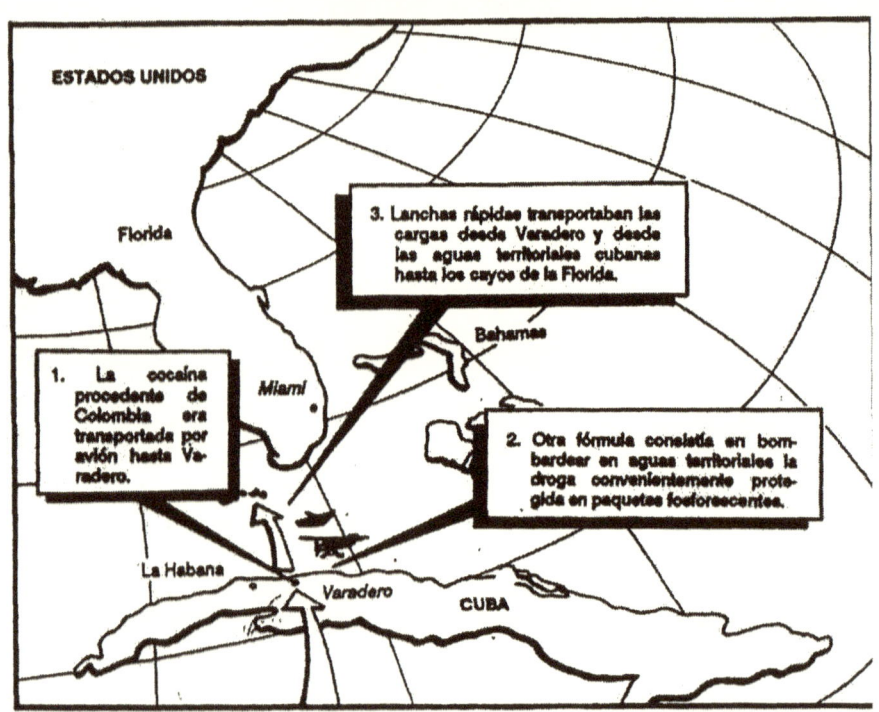

ILUSTRES ILUSTRADORES

La «conexión cubana» según *Granma*, el periódico de Fidel Castro. El mapa –publicado en un tardío julio de 1989– parece estar hecho al calco, aunque con rasgos mucho más bastos, y sin entrar en mucho detallismo, de los que el Servicio de Guardacostas de EUA y la DEA y el State Department le han entregado o han hecho llegar al mismo Fidel o a algunas instancias de su gobierno en los últimos años para enfatizar sus pruebas de las operaciones de narcotráfico en las que Cuba está involucrada.

5/NARCOTRÁFICO Y TAREA

1980: Comienza la saga Lehder-Vesco. Carlos Lehder se instala en uno de los islotes de Bahamas donde también se encuentra Vesco. Después Lehder declarará que aquí es cuando Vesco lo pone en contacto con los cubanos. Lehder se retira en los 80 de Bahamas porque llamaba mucho la atención, y un poco más tarde Vesco ya se traslada casi todo el tiempo a Cuba.

MARZO 1980: La contrainteligencia (Seguridad del Estado) tiene detectados dentro del país a 50,000 «desafectos» de la Revolución, con posiciones y manifestaciones claramente contrarrevolucionarias –aunque todos bajo control. Es información obtenida a través de los llamados «estados de opinión» de su red de vigilancia nacional. Es la situación poco antes de los sucesos de la Embajada de Perú y la flotilla de refugiados del Mariel.

ABRIL 1, 1980: La crisis de los refugiados en la Embajada de Perú y posterior flotilla de la libertad desde el puerto cubano de Mariel, Cuba, hasta los muelles de Key West, EUA. Más de 125,000 refugiados cubanos llegan a Florida después de 159 días de fronteras abiertas –de esta fecha hasta el 09/25/80. Como medida preparatoria para un futuro que se debe meditar, se estima hay 6,000 infiltrados y personal comprometido incluidos entre los 125,000 refugiados cubanos que parten del puerto de Mariel rumbo a EUA.

ABRIL 5, 1980: Elizardo Sánchez, uno de los primeros líderes de la disidencia interna cubana, es encarcelado en La Habana por la posesión de una copia mecanografiada de *Los guerrilleros en el poder*, el libro de K. S. Carol, que le había prestado un veterano de la Juventud Comunista, también en desacato para esa fecha, llamado Everardo Yánez «Tico», acabado de expulsar del Ministerio de Comercio Exterior y que luego se suicida. Elizardo aguanta más y en los próximos años –además de palizas y cárceles– verá florecer una vigorosa disidencia en su país.

DICIEMBRE 1980: Tony concibe la Operación «Half Moon» –la que comienza a ejecutar casi de inmediato– que consiste en enterramientos de armas en la isla del mismo nombre. Esto es en el Mar Caribe y en apoyo a la guerrilla salvadoreña en 1980.

–La contrainteligencia tiene detectados a 500,000 desafectos. Es lo que dicen los «estados de opinión». La crisis del Mariel abre los ojos de la dirigencia revolucionaria y los sorprende el grado de descontento que prevalece entre el pueblo.

DICIEMBRE 10, 1980: Operación «Santa Sede» para el rescate de cuatro monjas secuestradas en la sede diplomática del Vaticano (o Nunciatura) en La Habana. La operación tiene como objetivo desalojar del edificio de la Nunciatura a tres hermanos –Cipriano, Ventura y Eugenio García Marín–, y a otras 10 personas. Primera operación de este tipo efectuada por la DGOE. El jefe del comando, que se despoja apresuradamente de su máscara antigás e inhala suficiente gas irritante CS como para ser hospitalizado con neumonía, es el general Patricio de la Guardia. Su hermano Tony es jefe del primer grupo. Deben penetrar en el recinto a través del nicho de un aparato de aire acondicionado. El aparato no cede. Cuatro hombres tienen que meterle el hombro y empujarlo como un corcho que se ha soldado al gollete. Entran con un retraso de segundos. Pero escuchan un disparo.

El grupo de Tropas bajo el mando del general de Brigada Alejandro Ronda Marrero se ha adelantado por una vereda y produce la captura. El lugar está saturado de gas irritante CS. Tienen 13 prisioneros y los entregan a los patrulleros de Villa Marista, que esperan afuera y que de inmediato los someten a una golpiza sazonada con crueles lances de karate. También sacan en andas a las cuatro monjas para conectarlas a los equipos de respiración de las ambulancias. Los oscuros y violáceos hematomas impiden presentar a los prisioneros por televisión. Fidel ordena una investigación. También quiere mantener la moral de los muchachos de la DGOE, su tropa de élite, que han presenciado el espectáculo de los esbirros de Villa. Nunca aparecerá un culpable. La columna de humo rosado es visible como un incendio.

Los tres hermanos van a ser fusilados. El fiscal de la parodia de juicio se llama Carlos Amat. El principal objetivo de matar a esos muchachos se origina en una decisión de Fidel, comprometer a la cúpula eclesiástica católica del país, aprovechando la discutible decisión de la Nunciatura de solicitar a la fuerza pública cubana que penetre en sus predios, sin que obvie su inmunidad diplomática o la extraterritorialidad. Monseñor Carlos Manuel de Céspedes sostiene hasta el día de hoy la creencia de que los hermanos Marín eran parte de una provocación de la Seguridad del Estado contra la Iglesia.

Los tres hermanos visitaron la sede porque supuestamente existía un interés del Nuncio Mario Taglia Ferri. No habían acordado formalmente una cita. Pertenecían a Los Testigos de Jehová. El Nuncio quería conocer la experiencia de los hermanos en una prisión llamada Cinco y Medio, en la provincia de Pinar del Río, donde los internaron después de un operativo contra su congregación. Pero el Nuncio estaba fuera de Cuba. Entonces declaran su intención de quedarse en la Nunciatura y pedir asilo político. Monseñor de Céspedes es llamado por el personal diplomático de bajo rango de la Nunciatura. De Céspedes trata de negociar la salida del edificio. Los muchachos se niegan y llaman por teléfono a familiares y amigos –entre ellos a su madre, Margarita Marín Thompson. En total ingresan trece.

En todas las declaraciones posteriores a los interrogadores no se pudo determinar que ninguno estuviese armado. Pero toman de rehenes a cuatro monjas y al mayordomo, que era un agente de la Seguridad cubana. De Céspedes decide que se trata de una provocación, el error más trágico de su vida. Tendrá que sostener a partir de entonces la teoría, puesto que tres infelices pagan con sus vidas. ¿Una provocación? Si no lo era, él –y la jerarquía católica– la convirtieron en una. Tal cosa ocurre cuando el beneficio de la duda es puesto a disposición de Fidel Castro. Las autoridades eclesiásticas han pedido a las autoridades cubanas que resuelvan la situación. Unas autoridades, las cubanas, que acaban de salir del atolladero de la Embajada de Perú, donde ingresaron más de 10,000 personas, que estuvo a punto de llevar el país a la guerra civil y que derivó en el puente marítimo del Mariel y con más de 125,000 cubanos emigrando a Florida. Al comenzar el asalto, alguien asesina al mayordomo, el informante de la Seguridad. Este es el crimen que ningún experto en balística demostrará que haya sido de un arma disparada por los acusados. Pero condenan a muerte a cinco de ellos, y finalmente fusilan sólo a los tres hermanos. El mayordomo estaba arrodillado, rodeado por tres o cuatro de los secuestradores, y la bala penetró de arriba abajo, por el cráneo. Abrantes se le presenta en la celda a la madre de los hermanos Marín y le espeta que acaban de fusilar a sus muchachos «como escarmiento» y que además ella será condenada a largos años de cárcel. Mal momento para la biografía de un jefe revolucionario, para una leyenda de la Seguridad cubana.

1980-81: Puede que el incipiente grupo inicial de disidentes cubanos no sepa que en los próximos años verá florecer un aguerrido movimiento de luchadores por la democracia y la defensa de los derechos humanos, pero Fidel Castro «sólo por si acaso» (sic.), comienza a tomar todas las medidas. La primera es ordenarle a Abrantes, el jefe de su aparato de Seguridad –y esto es absolutamente textual– que coja preso a todo el que sea sorprendido nada más que mencionando al sindicato «Solidaridad» de los polacos.

–El ministro del Interior, Ramiro Valdés, y Max Marambio autorizan a un mayor del MININT, de apellido Urra, a efectuar una operación de trasbordo de marihuana en el cayo Bahía de Cádiz. Fidel en las sombras moviendo los hilos –desde luego.

–Segunda operación de trasbordo de marihuana en el cayo Bahía de Cádiz de la cadena de mando Fidel «en las sombras»-Ramiro-Marambio-Urra.

–Ramiro se niega a efectuar una tercera operación si Fidel no la autoriza por escrito –o cualquier otra manera que quede claro de dónde procede la orden. Fin de este período de operaciones en el cayo Bahía de Cádiz.

CIRCA ENERO 1981: En vivo y en directo: Leonid Brehznev –él en persona y arrastrando sus habituales y pesadas eses y mirando de soslayo con sus ojos de obrero de las acerías de los Urales con cruce de conquistador tártaro, debajo de las pobladas cejas y con una regordeta botella de agua mineral Baikal sobre la mesa y los efusivos humos del samovar que un camarero del KGB dispone para el té del camarada Primer Secretario y sus invitados –le informa a Raúl Castro que la URSS no se halla en capacidad de irse a una guerra por culpa de Cuba y se le ha llamado a esta consulta en el Kremlin ya que la instalación de Ronald Reagan en la Casa Blanca es un hecho. La respuesta cubana se desarrollará en los próximos meses y va a llamarse «Operación Caja de Pandora» y en la práctica es la preparación militar del país para batirse solo, se comienza a hablar de «la Guerra de Todo el Pueblo» y se comienza a traer asesores vietnamitas.

FEBRERO 13-MARZO 3, 1981: Catorce miembros de la familia Delgado entran en los terrenos de la Embajada de Ecuador. Unos cuantos llevan pistolas calibre 22 (sin aguja percutora) como medida de precaución. Tan pronto como se sienten a salvo dentro del edificio de la embajada, los Delgado entregan sus armas al embajador ecuatoriano, Jorge Pérez Concha. Cuando el Gobierno cubano se entera del incidente, corta inmediatamente la electricidad de la embajada. Ecuador envía a su Secretario de Relaciones Exteriores, Cornelio Marchán, a negociar la seguridad de la familia Delgado. En las conversaciones participan funcionarios del Gobierno ecuatoriano, funcionarios cubanos y los Delgado. Después de siete días de negociación, Ecuador anuncia que ha decidido conceder asilo político a los Delgado. Se le entrega a Rómulo Delgado un documento oficial del Gobierno ecuatoriano que especifica los términos del acuerdo. La delegación ecuatoriana regresa a Quito el

20 de febrero, creyendo que se ha resuelto el dilema. Cuando aterrizan en su país, sin embargo, conocen La Habana ha renegado del acuerdo. Entre la 1 y las 4 AM del 21 de febrero, fuerzas especiales asaltan la embajada ecuatoriana. Todos los miembros de la familia son golpeados salvajemente, niños incluidos. Los mayores son encarcelados y dos de los niños son «puestos en libertad» para entregarlos a familiares en Pinar del Río, aunque siguen bajo vigilancia y no se les permite asistir a la escuela. Owin Delgado, de 15 años, recibe heridas tan graves en la cara y la cabeza (casi pierde una oreja) que tiene que ser trasladado a un hospital. El 3 de marzo de 1981, después de estar en coma durante dos días, Owin Delgado muere.

El teniente coronel Francisco Abad ordena inmediatamente que el cadáver sea trasladado a una morgue en La Habana para que le hagan la autopsia. La familia del muchacho no es notificada. El gobierno prepara el velorio en una funeraria de Santiago de las Vegas, un suburbio habanero casi a 200 millas del pueblo natal de Delgado en Pinar del Río. El Gobierno cubano declara que ha enterrado a Owin Delgado en una fosa común en el Cementerio Colón, lugar donde descansan los restos de muchos prisioneros políticos y fusilados. El único miembro de la familia a quien se le permite asistir al entierro no pudo más tarde identificar la tumba sin marca entre otras miles en el enorme cementerio. Miembros de la familia que van después a llevar flores a la tumba de Owin fueron rechazados y se les dice que el nombre del muchacho ni siquiera estaba registrado en el cementerio.

Rómulo y Pascual Delgado todavía –a mediados de los 80– estaban cumpliendo sus condenas de 43 y 45 años por intentar buscar asilo político, y la verdadera ubicación de los restos de Owin seguía sin ser conocida.

Septiembre 1981: Efectivos del Movimiento de Izquierda Revolucionaria (MIR) de Chile son entrenados por la DGOE en técnicas de desembarco en Playa Amarilla, al este de La Habana. También, frente a esta costa, se entrenan para producir *rendezvous* en alta mar y pasar armas de un buque a lanchas de goma Zodiac. Una tonelada del armamento norteamericano, traspasado por los vietnamitas a los cubanos, está destinada a la subversión en Chile. Pero el operativo es suspendido. Finalmente la DGOE «le saca el pie» –retirar el apoyo, según el argot de estas fuerzas– al MIR.

Diciembre 4, 1981: El célebre narcotraficante colombiano Jaime Guillot Lara es arrestado por la policía de Ciudad México. Otro narco conectado con Cuba.

1982: Base aérea salvadoreña de Iolopango saboteada por la guerrilla. Acción de Iolopango bajo asesoramiento cubano directo.

–En la DGOE: Entrenamiento de grupos comandos especializados en Demolición Submarina del Frente Democrático para la Liberación de Palestina.

–Tony y la gente de la DGOE a cargo de la elaboración del plan de voladura de la refinería de petróleo de Acajutla en la costa del Pacífico de El Salvador, que es ejecutado sólo con éxito parcial por el Frente Farabundo Martí. Para la preparación y entrenamiento del personal salvadoreño, oficiales de Tony se trasladan a Nicaragua y se entrevistan con el Comandante Villalobos. La cosa falla porque había que tirarle al balón de hidrógeno líquido con un lanzacohetes RPG-7, pero le tiraron con un RPG-2 a un tanque de combustible, que está aislado por un muro de contención.

–El coronel José Luis Padrón en el momento cumbre de su carrera, miembro del Alto Mando del MININT, miembro suplente del Comité Central del Partido. Presidente del Instituto de Turismo (INTUR) y «el hombre que lleva las relaciones con EUA», es nombrado también jefe de la corporación CIMEX, S.A., debido a que el chileno-cubano Max Marambio ha sido botado por corrupción. Padrón comienza a solicitar que le envíen a Tony como refuerzo. Planea nombrarlo vicepresidente y ponerlo al frente de las operaciones secretas de la Corporación, en una dependencia que habrá de denominarse Departamento «Z». Es decir, el Departamento «Z» de la Dirección «Z». El compañero Marambio, «Guatón» o el «Guato», se salva de la cárcel por su porcentaje de nacionalidad chilena. Es nombrado jefe de Transportes de Villa Marista.

–En la DGOE. La gente de Tony: entrenamiento de infiltración marítima a un grupo del MIR chileno. Negociaciones en México de compra de equipamiento del SWAT Team para el comando antiterrorista de la DGOE efectuadas con la mediación de Alejo Peralta (hijo), un conocido empresario de ese país.

–En algún momento de este período se produce un combate en el islote de Bahamas donde Robert Vesco tiene su escondrijo. Hay una docena de muertos de ambos lados según la información que obra en Cuba. Es un petit desembarco desde lanchas rápidas y con despliegue de UZIs. Van por la cabeza de Vesco. Aunque después Cuba no va a descartar una autoprovocación (es decir, organizada por el propio Vesco), es el argumento que vence definitivamente cualquier resistencia a que sea aceptado en La Habana.

–En la DGOE y gente de Tony: Modelación del plan para la voladura del Puente de Oro en El Salvador, el cual se ejecutará exitosamente por la guerrilla en 1983. El entrenamiento es en el más bravío de los ríos cubanos, el Toa, que corre entre las montañas del oriente de la isla.

–El coronel Antonio de la Guardia nombrado vicepresidente de CIMEX, S.A.

AGOSTO 13, 1982: Hoy es el cumpleaños de Fidel Castro. Cumple 55. José Abrantes cita en la DGOE a los primeros 12 combatientes seleccionados para la creación del comando antiterrorista. Un oficial joven, el primer teniente Reinaldo Rodríguez Perdomo, recibe el mando. La Operación «Santa Sede» descubrió que no se disponía de una fuerza especializada para esos menesteres. Y estaba el número creciente de desafectos y, sobre todo, el haber descubierto con los sucesos de la Embajada de Perú y la flotilla del Mariel que la minúscula cifra de 50,000 contrarrevolucionarios y la creencia de que estaban bajo control era ilusión. Son las razones que llevan a la creación, primero, del Comando de Misiones Especiales de la DGOE y después del Grupo Antimotines de la Brigada Especial de la Policía Nacional Revolucionaria.

El trabajo más sucio –reprimir los motines– seguirá siendo responsabilidad de la Policía. Una fuerza paramilitar organizada en los días de los sucesos de la Embajada de Perú, el Batallón UJC-MININT, estará también disponible «en caso de grandes disturbios callejeros» o «explosiones de descontento populares». Son forzudos militantes de la Unión de Jóvenes Comunistas (UJC), y preferentemente karatekas procedentes de las escuelas de karate de Ciudad de La Habana, controladas todas por el Ministerio del Interior.

El argumento de que el gobierno de Fidel Castro cuenta con el apoyo de la inmensa mayoría del pueblo cubano continúa ganando adeptos en el mundo mientras se prepararan las fuerzas de represión callejera.

El Comando de Misiones Especiales o Comando 43 de la DGOE –por la edad entonces del general Alejandro Ronda, a quien se le subordina el grupo– o simplemente «el Comando», fue ampliado de inmediato a 30 hombres y después a 60, donde se detuvo su crecimiento. Hasta su disolución en 1989 fue la unidad de combate mejor entrenada del país. Se equipó con escopetas calibre 12, subametralladoras Beretta de 9 mm, pistolas Colt 45 con miras micrométricas y pistolas WZ-63 –las llamadas «polaquitas», por su procedencia– de 9 mm. (short), chalecos antibalas, sistemas de «rappel» (de izaje por cuerda), lanzagranadas de fabricación argentina y también los clásicos norteamericanos M-79 y M-72 (para el rociado de granadas con gases irritantes CS y neuroparalizantes CN), fusiles soviéticos de francotirador Dragonov y fusiles de asalto AK-47 con silenciadores y con miras pasivas (que amplifican la luz lunar), fusiles norteamericanos M-16, camiones soviéticos Gaz 66 y dos transportadores blindados norteamericanos M-113 artillados cada uno con una ametralladora calibre 50 y una 30, y una cámara de evacuación (semejante a las utilizadas por los dobles o *stunts* en las producciones cinematográficas). Las pistolas 45, los fusiles M-16, los lanzagranadas M-79 y M-72 y sus correspondientes municiones y los dos transportadores M-113 procedían del arsenal agenciado por el general Patricio de la Guardia en Viet Nam.

El Departamento Uno de la contrainteligencia recibe la orden de Abrantes de mantener actualizado al Comando de los llamados «expedientes operativos» de cada residencia o cancillería. «Coordinar intereses» –le llama Abrantes. El Departamento Uno tiene a su cargo el control de todas las sedes y personal diplomático destacado en el país.

Incluye los planos arquitectónicos de casi todas las sedes. Estos expedientes se basan en los a su vez llamados «levantamientos operativos», que identifican a «personas de confianza», agentes y candidatos a agentes. El agente es secreto, reclutado «por ideología o comprometimiento (chantaje)»; la persona de confianza está identificada abiertamente «con las ideas revolucionarias»; el candidato es alguien en estudio para ser reclutado.

Con el tiempo, el Comando de Misiones Especiales de la DGOE fue reorientado a una diversidad de misiones, incluida la de proteger a Robert Vesco, el famoso prófugo de la justicia norteamericana, un servicio de escolta permanente al que Fidel Castro llamó «un combinado de seguridad».

SEPTIEMBRE 23, 1982: Por presiones indudables del Gobierno cubano, el «amigo» de Cuba, Guillot Lara, es sacado de su cárcel mexicana, antes de que la DEA le eche mano, y puesto a bordo de un avión rumbo a Europa, donde divaga un rato por España –hasta establecerse finalmente en La Habana.

OCTUBRE 12, 1982: Robert Vesco llega a Cuba por primera vez según las autoridades de la isla dan a entender posteriormente.

NOVIEMBRE 15, 1982: El Fiscal del Segundo Distrito de la Florida, Stanley Marcus, y su asistente Richard Gregorie, encargados de la investigación del caso de Jaime Guillot Lara, encausan, en ausencia del crimen federal de conspirar en trasiego de drogas, además de al mismo Guillot Lara, a cuatro funcionarios cubanos de alto nivel: René Rodríguez Cruz, presidente del Instituto Cubano de Amistad con los Pueblos, el vicealmirante Aldo Santamaría Cuadrado, jefe de la Marina de Guerra, Fernando Ravelo Renedo, ex embajador en Colombia y segundo jefe del Departamento América, y Gonzalo Bassol Suárez, ministro consejero de la embajada cubana en Bogotá. Es el primero de los cuatro casos de narcotráfico en los cuales se demuestra, ante grandes jurados federales norteamericanos, la participación de funcionarios cubanos del más alto nivel en esas actividades, y el primero también producido antes de la célebre Causa #1 de 1989 en Cuba.[14]

1983: Carlos Lehder, siempre –según él mismo– gracias a los buenos oficios de Robert Vesco, viaja a Cuba en diferentes ocasiones, se reúne con Raúl Castro dos veces (81-83) y acuerda (84) el traslado desde Colombia hasta Islas Andros sobrevolando Cuba, de 1,575 libras de cocaína.

–Ramiro Valdés y José Luis Padrón ordenan a Tony de la Guardia hacer un estudio operacional en Cayo Largo del Sur, un islote del archipiélago cubano, para el lavado de dinero procedente del narco.

–La DGOE actualiza su estudio de la situación operativa para la eventual voladura de la refinería de la Texaco en Puerto de las Minas, Panamá, a 3 kilómetros de Colón. Estudio hecho sobre el terreno.

–Estudios de situación operativa en Gran Caimán e Islas Vírgenes.

–Elaboración de planes de ruta y de navegación de las visitas potenciales de Fidel Castro a la isla mexicana de Cozumel a bordo del yate ejecutivo «Pájaro Azul».

–Por órdenes expresas de Fidel Castro, y sobre la base teórica de que no se puede hacer política en América Latina si no es con coca, Tony hace contacto con Pablo Escobar en algún momento de este período. Hay hombres de Pablo Escobar que entran en Cuba y se sientan a la mesa de Fidel y Tony.

ABRIL 28, 1983: Jaime Bateman «El Flaco», líder del M-19 colombiano, muere en un accidente de aviación. Avioneta incendiada –al parecer– al intentar despegar.

---

[14] El autor advierte que esa tetralogía de casos es algo que aprendió luego de su arribo como exiliado a los Estados Unidos en 1994. Es decir, no es parte de su información obtenida en Cuba y que compone la casi totalidad de estas notas.

—Bateman muere pocos meses después de que Fidel Castro rechazara su proposición de cambiar drogas por armas. Fernando Ravelo, el embajador cubano en Bogotá, trasmitió el mensaje. Tanto la droga desde Colombia como las armas desde Cuba se transportarían en las valijas diplomáticas cubanas. La razón de la negativa de Fidel es que la proposición ha sido hecha oficialmente y dirigida a él.

Mayo 6, 1983: Reagan declara que los EUA tienen sólidas evidencias de que funcionarios cubanos de alto rango están involucrados en el narcotráfico.

Mayo 20, 1983: Reagan vuelve a la carga con el asunto del narcotráfico. El propio Reagan ofrece el argumento –que Fidel muy cuidadosamente va a guardar para su utilización futura. «Quisiera preguntarle al régimen de Castro... si este tráfico de drogas es sólo el acto de funcionarios renegados, o es oficialmente aprobado? El mundo merece una respuesta.» ¡Sólo el acto de funcionarios renegados! El Gran Comunicador no sabe el regalo que le ha hecho al Comandante.

Mayo 26, 1983: Dando fuego en Centro América. Mueren 30 soldados y desaparecen 17 en voladura del puente de Quebrada Seca –Puente de Oro para los asesores cubanos– luego de 6 horas de combate entre los 82 custodios y 2,000 rebeldes atacantes, a la altura del km 78 de la Carretera Panamericana, en la provincia central de San Vicente, que deja virtualmente aislada la parte oriental del país, y cuando unos 93 reos políticos habían sido liberados para que salieran del país a tenor de negociaciones del gobierno con la guerrilla.

—La última tarea del condottiere. Aunque ya dedicado a tiempo completo a su desempeño como vicepresidente de CIMEX, S.A., Tony estuvo en el origen de la operación y se mantuvo como consultante activo.

Circa otoño 1983: Ramiro Valdés cada vez mas apartado del poder, de acuerdo con los que conocen las interioridades del verdadero ejercicio del poder en Cuba. El que en realidad está ejerciendo como ministro del Interior es José Abrantes, un muchacho virtualmente hecho a mano por Fidel. Es por tanto, a «Pepe» Abrantes, a José Luis Padrón y a Tony de la Guardia, a quienes Fidel llama una tarde de este otoño y les dice que a él hay que demostrarle la factibilidad de las operaciones de droga pero sin 1) «las pendejerías de Ramiro»; 2) «las chapucerías de [el jefe de su Marina de Guerra] Aldo [Santamaría] y la gente de [su hermano] Raúl» (que están encausados por los americanos), y 3) los niveles de comprometimiento «a que quieren someternos estos colombianos [del M-19]».

DICIEMBRE 23, 1983: El Frente Patriótico «Manuel Rodríguez» (FPMR) –formado con respaldo del PC chileno, como brazo armado para luchar contra Pinochet, y con todo el apoyo logístico y entrenados por la DGOE– hace su aparición al reivindicar el apagón por sabotaje que deja a casi todo el centro de Chile sin electricidad.

1983-85: Vesco con Tony tratando de establecer un paraíso fiscal en Cayo Largo del Sur (territorio cubano) al estilo de Gran Caimán.

1983-86: Apogeo cubano de Carlos Lehder. El teniente coronel Rolando Castañeda Izquierdo «Roli» es designado para atenderlo y/o monitorearlo. Pellets, para la industria azucarera, Lear jets (uno para el compañero Raúl Castro) y drogas son negocios que ya están rodando o en perspectiva. De todas maneras Fidel dice que aguanten con el problema de la droga y «este hombre». Drogas de Lehder en *stand by*.

JUNIO 17, 1984: El panameño Manuel Antonio Noriega, a petición de Fidel Castro, aterriza en Cuba a su regreso de un viaje a París. Fidel se ofrece como mediador para zanjar un grave desacuerdo existente entre el cartel de la droga y el general Noriega. Tres y siete años después, entre 1987 y 1991, una de las pruebas capitales en la acusación y proceso de Noriega en EUA va a ser esta mediación de Fidel Castro: solucionar la disputa entre Noriega y el cartel de la droga de Pablo Escobar respecto a la confiscación de un laboratorio de cocaína en Panamá que Noriega había permitido que funcionara allí a cambio de 4 millones de dólares. Es el segundo de los cuatro casos de narcotráfico en los cuales se demuestra, ante grandes jurados federales norteamericanos, la participación de funcionarios cubanos del más alto nivel; en este caso, es el mismo Comandante en Jefe.

Enero 30, 1985: Fidel titubea con el tema Vesco en conferencia con enviados del *The Washington Post*. Está hablando de Angola cuando se decide a aceptar –aunque en forma oblicua– el hecho de la presencia en Cuba «aún esporádica y por razones médicas» de Robert Vesco. En la segunda parte de la grabación de esta entrevista con Karen de Young, Jimmie L. Hoagland y Leonard Downie, se produce el diálogo con un Fidel cantinflesco y tartamudeante. Cantinflesco de Cantinflas, el personaje de la picaresca cinematográfica mexicana, interpretado magistralmente por el actor Mario Moreno, cuyo discurso nunca se lograba descifrar puesto que, de hecho, no es que careciera de significado, sino que trataba de eludir una verdad más que evidente.

[Jimmie L. Hoagland] La gente que vive en Cuba dice que ha visto a un hombre que se parece a Robert Vesco. ¿Robert Vesco está en Cuba?

[Fidel Castro] Yo no sé si está en Cuba; pero puede estar, o puede pasar alguna vez por aquí. En realidad le voy a decir una cosa, una vez se nos solicitaron servicios médicos en este país, esa persona que usted menciona necesitó asistencia médica, y nosotros se la brindamos... Yo no conozco a esa persona, no tengo relaciones con él en absoluto. Y desde luego, sé de personas [precisamente el coronel Antonio de la Guardia, que él mismo –Fidel– por esta época enviaba a entrevistarse diariamente con Vesco] que han conversado con él, porque tiene información, conocimiento sobre muchas cosas en el mundo... es posible que sus experiencias, sus conocimientos, a lo mejor sobre tecnología industrial nos puedan ser útiles; dicen que posee mucha información económica y comercial...

[Karen de Young] ¿Ese fue el resultado de gestiones del [presidente de Costa Rica José Figueres?]

[Fidel Castro] ... yo no quiero implicar a más gente en todo esto ... [Y] si nos pregunta también si tenemos negocios de drogas [interesante y revelador este giro sorpresivo de la exposición de Fidel, desviado hacia un tema que nadie había mencionado en la entrevista], le puedo asegurar categóricamente que no tenemos ni el más mínimo negocio de drogas...

Marzo 12, 1985: Fidel se apresura a enviar una carta de felicitación a Mihail Gorbachev por su arribo al cargo de secretario general del PCUS.

El rusito acabado de elegir, Fidel aprovecha para recordarle su agenda cubana –«Estoy seguro que los profundos, inquebrantables lazos de amistad, militante hermandad y ejemplar solidaridad que une a nuestros partidos, gobiernos y pueblos continuarán fortaleciéndose y desarrollando»– pero rehúsa participar en las ceremonias fúnebres del viejo Konstantin Chernenko y envía a Raúl.

CIRCA VERANO 1985: Tony sale de la égida de CIMEX, S.A., y de José Luis Padrón, quien ha sido sacado del Ministerio del Interior luego de que, al solicitársele un dinero de la reserva del Estado –unos 60 millones de dólares– que se suponían depositados a favor del Instituto de Turismo en bancos suizos, él responde que no estaban depositados precisamente, sino que se estaban realizando algunas maniobras bursátiles con ellos. Fin del Niño Lindo de Fidel. En cuanto a Tony, se le subordina a la Dirección General de Inteligencia, y su Departamento «Z» de la Dirección «Z» se recodifica como Departamento MC, tomando aún la eme original de los servicios de inteligencia cubanos, al que se le asigna la tarea suplementaria de organizar por primera vez en la historia de la Revolución Cubana un equipo de asesinos profesionales, aunque, claro, nunca se diga de esta manera y que finalmente serán reconocidos como los «killers».

–Lehder insiste con sus proposiciones al Gobierno cubano a través de su alter-ego revolucionario –Rolando Castañeda Izquierdo, el teniente coronel subordinado a Tony, que es quien trasmite el mensaje. Pero Fidel insiste en que se mantengan en *stand by*. La propuesta, según Tony, es 7 millones de dólares semanales, es decir, 28 millones mensuales –¡y sólo por el derecho de sobrevuelo! Tony se queja en el círculo más cerrado de sus amigos de la lentitud de Fidel para tomar «este tipo de decisiones». Por su parte, los narcos están experimentando en carne propia lo que significa Cuba atravesada como una barrera infranqueable en el borde delantero de los EUA, y la razón de que, en su etapa imperial, los españoles llamaran «La Llave del Golfo» a la isla y que establecieran el sistema de flotas con escala obligada en el puerto de La Habana.

Agosto 11, 1985: Fidel, en una de esas extrañas maniobras suyas, acepta por primera vez públicamente la presencia de Robert Vesco en Cuba y luego de que el fugitivo de la justicia norteamericana fuera filmado en el portal de su casa habanera por un *crew* de NBC y las imágenes trasmitidas pocas horas después, cuando el *crew* estuvo de regreso y a salvo, por la cadena.

Todo el tiempo creyéndose que estaban logrando una exclusiva pero sin percatarse nunca de que estaban monitoreados por Seguridad y sin enterarse jamás de que fue Fidel personalmente el que autorizó el despegue de su avión. El teniente Orlando Julio Cowley, de la DGOE, está al frente del comando que controla el avión a una distancia discreta, en una zona reservada de uno de los viejos hangares, cuando recibe la orden de dejarlo partir en paz. Nunca en la historia del periodismo norteamericano uno de sus *crews* ha estado tan cerca de que les retorcieran –a todos– el cuello como éste de Nicole Szulc y los otros chicos de NBC-Miami.

Verano 1985: Un personaje no identificado –pero al que llaman «El Pitcher» en los predios de la Inteligencia cubana– tiene negocios de narcotráfico que ofrecerle a Tony de la Guardia, que de inmediato se interesa en las proposiciones y –según Tony revelará después– le dice: «Yo estoy autorizado a hacer ese tipo de negocios si no se tocan las aguas cubanas. Pero si se tocan, también. Aunque el precio sería otro.»

–En preparación el Tercer Congreso del Partido Comunista de Cuba. Fidel entiende que es un propósito al menos aburrido y de excesiva inspiración soviética, y dedica todo su interés a un trabajo subterráneo: llevar la lucha a territorio continental americano. Un auténtico y en toda regla «gotterdammerung». Entre las operaciones contempladas contra fuerzas americanas, están planes contingentes para atacar la base aérea de Homestead y la planta nuclear de Turkey Point, los cuales ya han sido comentados ampliamente por el general Rafael del Pino, a quien fue encargado elaborar el plan de ataque. Además, ha comisionado planes para atacar la base naval de Guantánamo. Estudios de situación operativa de las refinerías y los sistemas de compuertas del canal de Panamá, así como estudios de comportamiento de los ríos de la costa este de EUA, concluidos hace mucho tiempo, se actualizan con regularidad en Tropas

Especiales y están adjuntados a los protocolos de los planes de contingencia. Sólo hay que dar una orden para poner en marcha todo ese mecanismo de destrucción. Fidel sólo tiene que decir: «Procédase.»

Otoño 1985: La DGOE elabora el *rendezvous* del Frente «Manuel Rodríguez» a efectuarse en la costa del Pacífico chileno y que al ejecutarse en 1986 fracasa por «la penetración» de la Inteligencia chilena del comando del FPMR y resulta en la captura del armamento.

6/La Habana, sus secretos

1986-90: Comienza una contraofensiva fidelista en el terreno político y económico llamada *de la rectificación de errores y tendencias negativas* que no es más que la elaboración para «echarse» (liquidar) a los reformistas, que cada vez se manifiestan con más fuerza. Expulsión de más de 40,000 militantes del Partido Comunista de Cuba (PCC), reducción de las estructuras de dirección del PCC –establecida en 1,133 funcionarios– a una cuarta parte de esa plantilla, reducción del Comité Central en un 62%, reducción de los Comités Provinciales en el 45,5% –y esas plazas en su mayoría ocupadas por personal nuevo. Por consiguiente, al final de esta depuración, el 79,1% de los dirigentes municipales del PCC tiene 3 años o menos de experiencia y el 44,3% de las personas que ocupaban posiciones de dirección de las empresas y unidades presupuestarias habían sido nombradas en los últimos 2 años.

1986: Ochoa al frente de la X Dirección FAR y jefe de la misión militar cubana en Nicaragua. Primera salida suya en relación con drogas (aunque no se especifica si estudiando o investigando las posibilidades). La X Dirección se dedica a la colaboración militar con otros países, excepto Angola y Etiopía, que tienen sus propias misiones y que el Alto

Mando cubano denomina en secreto respectivamente el Cuarto y Quinto Ejército.

–Jorge Martínez, el capitán ayudante de Ochoa, hace contacto en Panamá con Frank Morfa para lavado de dinero procedente de la droga. Ochoa accede. Durante la Causa #1 de 1989, *Granma* publica esto por primera vez.

La revista *US News and World Report* (February 2, 1998) identifica a Morfa como el *Mambo King* por el club que operaba en Miami. De acuerdo con dicha revista, en Cuba se le utilizaba para ayudar a los oficiales cubanos en el lavado de dinero, bajo el remoquete de «El Contador». Posteriormente, fue procesado por fraude al Medicare.

FINAL DE VERANO 1986: Destino y canoa. José Luis Padrón va a dar al Amazonas, para empezar. Es una especie de administrador o contable que se desplaza a remos y que se convierte en un experto en eludir los bancos de pirañas. Designado para participar en una expedición científica internacional patrocinada por la UNESCO. Acepta con humor y dignidad su destino. Tony participa pero desde su refrigerada oficina de MC en La Habana. Tiene la encomienda del abastecimiento de la expedición. De paso, Tony aprovecha para incluir a uno de sus hombres, uno de los *killers*, Jorge de Cárdenas, a quien llaman «El Gordo» o «Compota» y que es el más inteligente y esforzado de todos esos muchachos y a quien asigna la tarea de realizar un estudio de la situación operativa en las fronteras fluviales entre Ecuador y Perú, Perú y Colombia, Colombia y Brasil, Brasil y Venezuela, así como realizar estudios de situación operativa de la frontera marítima de las islas del llamado «Arco de las Antillas» –del Caribe hasta Cuba.

–Los *killers* trabajan en la ubicación operativa y análisis de información con vistas a la ejecución sumaria de Esteban Ventura Novo, un oficial de la Policía Nacional que ganó fama como torturador en los últimos años de la dictadura de Fulgencio Batista, Luis Posada Carriles «Bamby,» uno de los más brutales y agresivos oponentes de Fidel Castro y su revolución, principal acusado de la voladura en Barbados de un avión civil cubano el 6 de octubre de 1976, en el que perecieron los 73 ocupantes y el Dr. Jonás Malheiro Savimbi, Presidente de la Unión

Nacional para la Independencia Total de Angola (UNITA) y la pieza principal en el terreno para luchar contra las tropas cubanas durante su permanencia en Angola durante 15 años.

Agosto 11, 1986: El Gobierno chileno anuncia el descubrimiento de un pesado «caché» de armas almacenado por el Frente Patriótico Manuel Rodríguez en la vecindad de la comunidad costera de Carrizal Bajo, cerca del pueblo de Vallenar. El arsenal contiene más de 1,000 fusiles norteamericanos M-16, 1,900 kilos de explosivos, 360,000 proyectiles de 5.56 mm para los M-16, además de granadas de fabricación soviética y cohetes de lanzaderas Katiuska. Según el régimen chileno, desde 1985 los operativos del FPMR, dirigidos por Sergio Buschmann y Alfredo Malbrich, han almacenado armas en refugios especialmente construidos en Copiapo, Vallenar, La Serena y Santiago. Aunque los agentes pinochetistas confían en haber confiscado la mayoría de las armas, también creen que una tercera parte sigue sin localizar. Buschmann, Malbrich y otros serán capturados al final de este año.

Casi todo este arsenal procedía de la «donación» –fue la palabra empleada oficialmente– de los vietnamitas a la DGOE al final de la guerra en el sudeste asiático. Una cantidad considerable del armamento ocupado al ejército norteamericano y que recogiera Patricio de la Guardia en el terreno acabado de abandonar por el US Army. Esto incluyó decenas de miles de fusiles M-16, lanzagranadas M-79, armas antitanques ligeras (LAW) M-72, ametralladoras M-60, pistolas 45 y cuatro helicópteros UH1H, más todas las municiones que cupieron en las bodegas de un mercante cubano. Este arsenal fue a parar a los depósitos de la DGOE, al oeste de La Habana, y se destinó desde el inicio para la insurrección en América Latina –y África en menor cuantía– y para los programas de entrenamiento de las propias Tropas Especiales. Y de ahí salieron los más de mil fusiles M-16 y las 360,000 balas del Frente Patriótico Manuel Rodríguez.

El MIR había pasado de moda entre los oficiales de la DGOE y se consideraba prácticamente disuelto por los continuos y efectivos golpes propinados por los servicios de Pinochet, por lo que la DGOE «le sacó el pie».

–Como se ha dicho. El FPMR era el movimiento de moda. Jóvenes chilenos que llegaron a Cuba después de la caída de Salvador Allende en 1973 y que habían estudiado en los Institutos Técnico Militares de la isla y luego formados como oficiales de las Fuerzas Armadas Revolucionarias, sobre todo en la Escuela Inter Armas «Antonio Maceo», y que tenían experiencia de combate con las tropas cubanas de intervención en Angola y Etiopía, constituían su fuerza principal. Se hicieron ejercicios de *rendezvous* a la altura de Cayo Paraíso (Mégano de Casigua), unos 200 kilómetros al oeste de La Habana, donde hay un mar regularmente movido, e incluso se esperó la llegada de un frente frío para reproducir el agitado océano Pacífico frente a Chile.

El general Alejandro Ronda Marrero dirigió la operación. El teniente coronel Jorge Álvarez, que había sido jefe de Operaciones Sicológicas de la DGOE y acabado de designar como jefe de Información, fue el segundo comandante ejecutivo. El capitán de la Flota de Cubana de Pesca, Jesús Bampín, un veterano de la operación de desembarco de 1967 en Machurucuto, Venezuela, aparece como capitán nominal del mercante. Otros oficiales de la DGOE están a bordo: un tal teniente coronel de la Mora y el mayor Tony Diéguez, y el hijo de éste, Tonito Diéguez, que es uno de los buzos de la operación. Todos cubanos. Las tripulaciones mixtas de chilenos y cubanos salieron por grupos hacia Praga o Madrid y se desenrolaron y enrolaron en Vigo, España, y puertos de Corea del Norte y Viet Nam. Los cubanos eran oficiales de la DGOE o personal civil, pero con adiestramiento militar de la naviera estatal Líneas Mambisas o de Flota Cubana de Pesca, todos expertos en estas lides de infiltración – como el capitán Bampín. El mercante cubano con el armamento dio prácticamente la vuelta al mundo.

El *rendezvous* con una pequeña embarcación del FPMR, probablemente un camaronero, se produjo entre la Isla de Pascua y la costa chilena. Nunca el personal cubano llegó a la costa. La captura del cuantioso armamento y de personal chileno tuvo –para los oficiales de la DGOE– su explicación en lo que se llama «un chivatazo» o delación o una «penetración del FPMR». Todos los oficiales cubanos participantes fueron condecorados. No sólo se trataba de sacudirse de los errores. El grupo a la sombra del general Ronda Marrero había antagonizado desde los 60 con Antonio de la Guardia y sus acólitos, y estos últimos nunca fallaron en una infiltración de armamentos. Difícil y amargo para Alejandro tragarse esa derrota. No por Pinochet. Sino por

Tony.

OCTUBRE 6, 1986: Captura de Eugene Hasenfus y problemas para el Gobierno de EUA. Estaba a bordo de un vuelo de la contra originado en Honduras y volaban ya sobre territorio nicaragüense. En las ruinas del avión, Hasenfus es el único sobreviviente. El episodio, extraño manejo de Fidel, va a conducir a la salvación de Luis Posada Carriles «El Bamby».

OCTUBRE 16, 1986: *Granma* publica la identidad del Bamby, lo ubica en Honduras, con mapa y todo. Hora para el Bamby de irse moviendo. Su amigo Hasenfus sigue declarando, parece no tener fin. Es una disposición natural que tiene para hablar todo lo que sabe sobre la contra basificada en Honduras.

–Tony conoce que la orden de publicar en *Granma* la ubicación del Bamby es «de Palacio», es decir, Fidel.

OTOÑO 1986: El general de Brigada Patricio de la Guardia es nombrado jefe de la MEMCA, la Misión del Ministerio del Interior cubano en Angola.

OCTUBRE-NOVIEMBRE 1986: El capitán Martínez hace contacto con el colombiano Fabel Pareja, quien dice que trabaja para Pablo Escobar Gaviria, cartel de Medellín.

1987: Como se publica en *Granma* cuando la Causa #1 de 1989, según Fidel Castro, el Departamento MC produce cinco operaciones de droga este año.

ENERO 1987: La hipotética primera operación de drogas del Departamento MC. Marihuana. Precio acordado, $100,000. No pagado. Compromiso, dar cobertura en aguas jurisdiccionales cubanas y reabastecimiento de combustible en el cayo Bahía de Cádiz. Se quedaron 20 días fondeados por mal tiempo. Tampoco era marihuana y mataron a uno de los *men*, Paquito. Dejaron el barco en Cuba, nombrado Bahía, que lo tiene Guardafronteras.

–Segunda operación. 300 ó 400 kilogramos de coca colombiana. Precio acordado, $300,000. Avión que aterrizaría en Varadero para entregar a una embarcación. No pagado. Llegó el barco pero el avión no.

Febrero 14, 1987: El general Patricio de la Guardia se reúne en Luanda con el general Milián, jefe de Estado Mayor de la fuerza expedicionaria cubana en Angola, para crear los llamados centros de RCI (Radio Contrainteligencia), una costosísima red de escucha y ubicación radiogoniométrica que cubrirá el inmenso territorio angoleño (once veces el tamaño de Cuba) y que le rendirá el indudable beneficio de conocer los movimientos y misiones de las fuerzas enemigas –las guerrillas UNITA y el ejército sudafricano– en el Teatro de Operaciones. Patricio ha logrado que una parte del equipamiento sea donado por la Stassi, los servicios especiales de la República Democrática Alemana; la otra parte debe ser sufragada por los angoleños y soviéticos. Cuba pone la experiencia, la organización, y los instructores para los operadores angoleños.

Marzo 1987: Fabel Pareja, de acuerdo con comentario de Tony, confecciona pasaporte colombiano falso para Martínez.

Inicios marzo 1987: Ochoa, que está en Nicaragua como jefe de la Misión Militar cubana, ofrece armamentos occidentales a Joaquín Cuadra Lacayo, jefe del Ejército Sandinista, y los nicas aceptan y entregan $120,000 a Martínez.

Marzo 5, 1987: Los nicaragüenses le dan otros 41,000 dólares a Martínez.

Abril 1987: Operación exitosa de 400 kilogramos de coca colombiana. Aterrizaje del avión por Varadero. Custodia en una casa de Villa Tortuga –en el mismo *resort* de Varadero– y entrega a una embarcación en cajas de Marlboro. Pagada la mitad acordada, $150,000, porque los lancheros fueron capturados en EUA. Un tal «El Guajiro» trajo la plata en un maletín. Fidel Castro dirá después, dos años después, que esta es la primera operación de narcotráfico de Tony que se logra. Pero las hojas de embarque o esquema de las operaciones de Tony que ponen delante de los ojos de Fidel Castro en el juicio que habrá de celebrarse dentro de dos años, tiene unos datos muy valiosos. Tiene una referencia de 1987 que este embarque es de los Ruiz. Menciona a Reinaldo Ruiz como el piloto del avión. Estos embarques son los que motivan el juicio en Miami en que son encontrados culpables por un jurado en abril de 1989 y que es el cuarto en que vinculan a la alta dirigencia cubana con las drogas en un tribunal de Estados Unidos. Desde luego que Fidel Castro va a pasar por encima de esto, y apenas lo tocará con la ligereza de este comentario que parece de asombro: «Por fin logran cobrar una operación.»

Mayo 1987: Viaja a La Habana un cubano residente de EUA, probablemente un personaje al que llaman «El Pitcher», un «vínculo de Tony» [¿?] por órdenes del mismo Tony de la Guardia, para arreglar un viaje de drogas hacia Florida vía Varadero. 400 kilos. Tony recibe $320,000. Aterriza avión. Tony recibe su dinero. Nunca se aclara origen de la droga.

Mayo 1, 1987: Seguimos operando. 500 kilogramos de coca. Pago acordado, $320,000. Pagados por «El Abuelo». $40,000 más en Panamá. Tony le deja allí a Alex $20,000 para gastos de oficina.

Mayo 28, 1987: Deserción del general de aviación Rafael del Pino. Era el segundo jefe de la DAAFAR, siendo el oficial de mayor rango que ha desertado de las fuerzas armadas cubanas. Su fuga revelaba grietas dentro del aparente monolito de los cuadros militares. Al mismo tiempo, daba acceso a la Inteligencia americana a muchas interioridades del aparato militar cubano y del entorno de los hermanos Castro.

Verano 1987: Fidel manda a Pepe Abrantes a vigilar a todos los soviéticos que están en Cuba. Con quiénes se están reuniendo y de qué están hablando.

–En una ocasión posterior, Fidel indica a un desconcertado Abrantes que se adquieran equipos antimotines y que adiestre una poderosa brigada de la policía para estos menesteres. «Si no los hay en el campo socialista», es su orden, «búscalos donde sea. Mira a ver los japoneses». Abrantes ya está «retozando» –argot cubano por interesarse– con algunas ideas de la Perestroika. Tal es el origen de su desconcierto. A través de la cadena de mandos, Tony recibe la orden de manos de Abrantes. Más disciplinado que desconcertado, Tony acomete la tarea. A la pregunta si es a pagar con los intercambios del CAME o en moneda convertible, Abrantes responde con la indicación de Fidel: «Donde sea.» Pero Tony resuelve, en un inicio, con los polacos. Moneda del CAME. Tienen hasta helicópteros en sus catálogos antimotines. No en balde es el país socialista que más ha bregado con estos menesteres. No obstante, un instante después de conocer que los cubanos están en su propia búsqueda de equipamiento, y que quieren tramitar sus pagos por medio de los «clearings», la moneda internacional del intercambio comunista, los polacos deciden que sólo aceptarán dólares. Contantes y sonantes.

Las negociaciones con los polacos se resuelven. Una parte a pagar con «clearings» y otra en dólares –los que, desde luego, nunca llegarán a las arcas de Varsovia– y resultan en la adquisición de un camión cisterna dotado de un cañón de agua a presión, un jeep con lanzadera de granadas de gases, cascos con viseras de acrílico, escudos acrílicos y bastones, además del envío a Polonia de combatientes cubanos para su entrenamiento por oficiales que disponían de una ruda experiencia de represión contra el sindicato Solidaridad. La fuerza antimotín subordinada a la Brigada Especial de la Policía Nacional Revolucionaria fue agraciada con la entrega de todo el equipamiento polaco.

Por estos días Tony obtiene muestras de bastones de una diversidad de países, entre ellos un bastón telescópico capacitado además para emitir descargas eléctricas y otro, un modelo sudafricano llamado «látigo», que alcanza un largo considerable y se dobla con lacerante flexibilidad sobre las espaldas de los manifestantes. Uno de estos modelos, corto y de sólido grosor, es elegido para reproducir por miles en el Combinado del Plástico, una fábrica de La Habana, y armar con ellos a toda la Policía a partir de 1990.

FINALES SEPTIEMBRE 1987: Se estanca en la margen oeste del río Lomba la ofensiva de inspiración soviética sobre Mavinga, el santuario de Jonás Savimbi en el sudeste angoleño. Las bajas de la fuerza propia que se reportan desde el 10 de julio es 1,023 angoleños «FAPLA» –es decir, el ejército regular angoleño–, muertos, y 20 cubanos y 4 soviéticos;

cubanos muertos pese a que Cuba no se ha comprometido con la tarea. La ofensiva es un fracaso, en especial de sus planeadores soviéticos, y el Estado angoleño está a punto de colapsar. En un sector a 50 kilómetros al nordeste de Mavinga se está decidiendo todo.

–Los generales soviéticos en el TOM, Angola, son presionados por Gorbachev para terminar la contienda. La crisis de Cuito-Cuanavale en su apogeo, debido al fracaso de la ofensiva de Konstantinov. Dentro de los mandos cubanos en Angola, en particular el propio Ochoa, se especulaba que fue probablemente vendida por el mismo Fidel Castro, que necesitaba recuperar el mando de las operaciones.

OCTUBRE–NOVIEMBRE 1987: Entrega de pasaporte colombiano falso al ayudante del general Ochoa, Capitán Jorge Martínez.

OCTUBRE-DICIEMBRE 1987: Dos operaciones de 500 kilogramos de coca cada una, acordados $250,000 por la primera; aterriza avión y tres barcos recogen mercancía, pagados $300,000 porque, debido al mal tiempo, hubo que esconder la droga en Santa María del Mar, un *resort* turístico al este de La Habana, y luego volverla a trasladar a Varadero; y $500,000 por la segunda; aterriza avión y un yate recoge, pagan $130,000 porque no fue exitosa.

–Ochoa se entera que Tony de la Guardia, del MININT, tiene contactos con Pablo Escobar.

NOVIEMBRE 4, 1987: Fidel viaja a la URSS para participar en las celebraciones y conferencias por el 70 Aniversario de la Revolución de Octubre.

NOVIEMBRE 5, 1987: Fidel Castro es uno de los oradores en Moscú.

NOVIEMBRE 7-15, 1987: Según Fidel, se agrava la situación en Angola. Los restos de las tropas FAPLA y algunos cubanos se establecen en un bolsón de resistencia en Cuito-Cuanavale.

NOVIEMBRE 8, 1987: Ochoa enviado con urgencia para Angola. Fidel regresa a La Habana desde Moscú.

NOVIEMBRE 15, 1987: La Habana toma la decisión de reforzar sus tropas en Angola. La crisis de Cuito-Cuanavale en su apogeo. La Habana culpa no muy veladamente al mando soviético. Todo debido al fracaso de la ofensiva del general Konstantinov.

–El general de División Leopoldo Cintra «Polo» puesto en el avión para Angola por Raúl Castro. Polo es un hombre suyo y Ochoa no. Raúl no quiere perder la plaza, no con los sudafricanos, sino el mando de las tropas en manos de un hombre que no es suyo.

–El mando cubano logra desplegar 500 tanques T-54 y T-55 en el TOM, Angola. Los sudafricanos tienen 300. Una correlación de fuerzas favorable a los cubanos de casi 2 a 1.

DICIEMBRE 18-19, 1987: Centro de Dirección de Operaciones decide comprometer fuerzas de Cuito y Menongue hacia el centro.

DICIEMBRE 20, 1987: Cable cifrado de Fidel, de acuerdo con comentarios que circulaban en el mando cubano en Angola, expresando su disgusto con Ochoa por olvidarse de lo que debe ser el objetivo principal, los sudafricanos. ¿Qué está haciendo? ¿Sigue retozando con la UNITA? Que se olvide de la UNITA, que destruirla no es su objetivo.

DICIEMBRE 21, 1987: Otro cable cifrado desde La Habana. Fidel indignado porque Ochoa no asiste a reunión del Comando.

1988: Abrantes orienta a Tony a comercializar, en 50 millones de dólares, unos 10,000 kilogramos de cocaína resultado de las ocupaciones y el recalo que se encuentra en la clínica CIMEQ. La orientación es de Fidel y autoriza a que se tantee con los checos u otros países socialistas pero que no puede ser menos de 50 millones.

PRINCIPIOS 1988: Las operaciones no cesan. 400 kilogramos de coca. Pago acordado, $400,000. Avión aterriza en Varadero y traslado a barco. Pagada. Tony decide entregar $200,000 a Willie Pineda, su hombre en

México, para invertir allí.

Enero 17, 1988: Comienza lo que Fidel Castro llama su batalla por reajustar las líneas de defensa de Cuito-Cuanavale. Ya los cubanos son responsables de la defensa de Cuito gracias a las gestiones de Ochoa ante José Eduardo Dos Santos, el presidente angolano.

Enero 26, 1988: De acuerdo con revelaciones posteriores, Fidel se queja de que a esa altura Ochoa no ha hecho nada en lo referente al reajuste de las líneas de defensa.

Enero 31, 1988: Ochoa llamado a Cuba. Se le instruye para que venza resistencia de aliados angoleños o de cualquier asesor soviético para el cumplimiento de los planes cubanos en el TOM.

Febrero 1988: A resultas del arresto de Reinaldo Ruiz en Panamá, Raúl Castro es involucrado en el narcotráfico, según lo que Fidel denomina «una campaña de prensa internacional».

Febrero 14, 1988: Los sudafricanos lanzan ataque al este de Cuito contra la 59 Brigada FAPLA (nuestra) y una compañía de tanques mixta angoleño-cubana, que pierde siete de sus tanques (solo uno puede regresar) y mueren 14 cubanos. Pero frenan a los más de 100 vehículos sudafricanos. El comienzo del fin para las fuerzas de intervención sudafricanas en Angola. Lluvia de cables cifrados habaneros sobre Luanda. Reprimenda de Fidel a Ochoa por tiempo perdido en el ajuste, y lo culpa de los 14 tanquistas muertos.

Circa febrero-octubre 1988: El célebre terrorista argentino Enrique Haroldo Gorriarán Merlo, alias «El Pelao», veterano de Nicaragua y el hombre que le voló la cabeza a Anastasio Somoza en Paraguay, que ha tenido dificultades en el Ejército Revolucionario del Pueblo del que era uno de sus líderes naturales y por lo que funda su propio Movimiento Todos por la Patria (MTP), se aparece en La Habana con la idea de asaltar una gran unidad del ejército argentino. Piensa con razón que necesita armamento antiaéreo para esta reedición moderna del asalto al Moncada. El general Alejandro Ronda lo recibe, como indica el nivel de

Gorriarán y como suelen «atender» personalmente los jefes de la DGOE a estos personajes –y porque son viejos camaradas de Nicaragua. La acción parece ser riesgosa y aventurera y Alejandro Ronda es muy conservador –Tony lo llamaba «más bien pendejo»– como para mandar a nadie a entrenarse a ningún lado si sabe que puede entrar en crisis o que Fidel está en contra de algo.

Alejandro utiliza una variante: lo manda para Angola mientras gana tiempo o se decide qué hacer con Gorriarán. En definitiva, él tiene que virar para Cuba otra vez. Había que mandarlo a Angola porque Tropas (la DGOE) no dispone de estos formidables complejos coheteriles portátiles antiaéreos S-2M soviéticos, conocidos como «flecha» –*strela* en ruso, que es la solicitud de Gorriarán, lo que él quiere. Sabe exactamente lo que está buscando. El Strela-2M (también denominado SA-7b por los mismos soviéticos) alcanza un rango diagonal de 4,2 kilómetros, una velocidad de 500 metros por segundo (Mach 1.75), y un techo para destruir –«*killing zone*»– de 2,300 metros. Se le llama complejo porque tiene una mira de sensibilidad, un tubo lanzacohetes reusable y el proyectil. Son sistemas coheteriles del régimen de combate llamado «*tail-chase*» –persecución por la cola–, y su efectividad depende de la habilidad de atrapar o engancharse con la fuente de calor del objetivo, usualmente aviones a baja altura. Aunque limitados en alcance, velocidad y altura en comparación con otros sistemas coheteriles, los complejos resultan baratos y fuerzan a la aviación enemiga a volar sobre las limitaciones mínimas de radar, lo que resulta en detección y vulnerabilidad ante los sistemas de defensa antiaéreos regimentales y divisionarios. La leyenda es que los cubanos los estrenaron en la guerra de Angola de 1975-76. La variante norteamericana es el Redeye y la inglesa el Stinger.

Pero los únicos que disponen de complejos flechas en Cuba es la gente de las FAR. Es inusual esta colaboración DGOE-FAR dentro de Cuba. Alejandro le escribe una carta a Patricio en Angola para que entrene al hombre con los complejos flecha. Patricio, en Angola, consulta la carta con Ochoa. Ochoa, típico, dice: «mándenmelo para acá». Tiene una idea: mejor que las tropas de las FAR, los angoleños. También disponen de ese armamento. Así se aparece Gorriarán en Luanda, en compañía de su mujer, Ana María Sivori, sus dos hijas y tres o cuatro acólitos del Movimiento Todos por la Patria. Patricio les pone de ayudantes a su propio hijo Patricio de la Guardia y a su oficial más condecorado en Angola, un joven primer teniente llamado Enrique Foyo. Todos, mujer e hijas de Gorriarán incluidos, se entrenan con los complejos SA-7b.

Es aquí donde aparece el elemento de alguna manera fuera de lugar. Porque Ochoa se pone de acuerdo con Gorriarán para entregarle «algunas toneladas» de armamentos que almacena pero no utiliza el ejército angoleño –fusiles FAL, fusiles G-3, morteros, y otras linduras, que son residuos del ejército portugués o de los botines capturados a la UNITA o al ejército sudafricano– y planean *a solas* el ataque a La Tablada, en Argentina. Es cuando surge la idea, *que se lleva a cabo*, de que Gorriarán regrese directo a Argentina pero eludiendo Cuba. Arnaldo le da todos los recursos y le dice: «Estoy en la jugada». Para Gorriarán esa conspiradera es normal. Para Arnaldo es actuar a espaldas de Fidel.

Aquí es donde –según las fuentes– «se jode todo el mundo». Alejandro Ronda lo mandó para Angola porque pensaba que después podía controlar la cosa. No hubo tal. Pero tampoco existía la orden de no apoyar a Gorriarán. Alejandro pensaba que Gorriarán regresaría por el mismo camino. No pensaba que iba a resolver todos sus problemas en Angola, que es donde está el mulato Ochoa, que le dice a Gorriarán: «Coge», y el argentino se mueve solo con ese material porque *tiene billetes*. Gorriarán, dice Tony, tiene más medios operativos que la propia DGI cubana. Tiene sus propios recursos, es un profesional con una organización. De todos modos –se va a repetir hasta el infinito en todas las investigaciones que demandará el caso–, es una operación a espaldas de Fidel Castro.

MARZO 1988: Martínez viaja a Panamá desde Angola con escala en La Habana para «asuntos de Ochoa».

MARZO 6, 1988: Primer viaje de Tony a Luanda. Su amigo Norberto Fuentes, un veterano de las campañas angoleñas, le sirve de guía.

ABRIL 1988: Ochoa envía a Martínez a Cuba para reunirse con Tony de la Guardia y los hombres de Pablo Escobar. Martínez lleva mensaje de Patricio para Tony: que ayude a Martínez. Las relaciones de Patricio y Ochoa en este momento, según la posterior descripción oficial, son fuertes. Martínez tiene órdenes de Ochoa de negociar directamente con Pablo Escobar. Martínez se reúne con Tony y Amado Padrón y explica su misión. Después se reúnen los traficantes colombianos Fernando, Rubén y Motis con Amadito Padrón, Leonel Estévez Soto «Joel» y Eduardo Díaz Izquierdo (los tres de MC) y Martínez. El negocio que se plantean y en el que todos están de acuerdo, es hacer una fábrica de coca en Angola, dirigida por Ochoa, y la comercialización en EUA y Europa Occidental a cargo de Tony.

–Amado Padrón, Luis Pineda (por la parte de MC) y Martínez se reúnen con «El Negro» y un negociante llamado Neto, mexicanos, más dos yanquis de los que no se dispone nombre, para lavado de dinero y drogas, un plan para ejecutar en paralelo a los ya hablados con los emisarios de Pablo Escobar, o después hacerlo en conjunto.

–Amado Padrón, Eduardo Díaz Izquierdo, Joel (el grupo de MC) y Martínez acuerdan introducir drogas hacia EUA vía México (idea fracasa).

ABRIL 20, 1988: Willie, del grupo de Tony, conoce a «los mexicanos», ninguna otra identificación disponible, que quieren negociar 2,000 kilogramos de coca mensual.

–Ochoa ordena a Martínez que hable con Fernando, del grupo de Pablo Escobar, para acelerar cualquier negocio. La ganancia sería al 50% con Tony.

ABRIL 28, 1988: Martínez viaja a Colombia para organizar el negocio de los mexicanos con la gente de Escobar. No está claro si vio al mismo Pablo Escobar.

CIRCA MAYO-JUNIO 1988: Raúl Castro –a través de su ayudante en el PCC, Alcibíades Hidalgo– envía a Luanda el recado a Ochoa de que le va a dar (propinar) «una patada por el culo» de continuar «su juntadera» con los soviéticos y «hablando mierda». El recado es trasmitido *verbatim*.

Mayo 1988: Miguel Ribé, un joven «genio cubano» de las matemáticas y cuyo cerebro —«el Puesto de Mando de Miguelito», le llama Tony- sigue funcionando con buena capacidad pese a un accidente de motociclismo por el que hubo de colocársele una placa de platino en la cabeza, es designado jefe de MerBar, la principal de las empresas comerciales inventadas por Tony desde MC.

—Martínez viaja a Medellín para reunirse con Pablo Escobar. Acuerda directamente con él una primera operación en la que participaría el grupo de Tony; cobrarían $1,200 por kilogramo de coca. Más de un año después, al mencionar —en la reunión del Consejo de Estado del 07/9/89— esta reunión de Martínez y Escobar, en un arranque característico de su personalidad parlanchina y necesitado de demostrar que lo sabe todo, Fidel comete lo que pudo ser el mayor gazapo político de su carrera al decir que «a nosotros nos consta que allí [en Medellín], se creyó que éste era un enviado del Gobierno [cubano]», aceptando de hecho una comunicación en paralelo, para Fidel absolutamente confiable, con Pablo Escobar.

—Operación del barco «Jennifer» acordada con Escobar. 2,000 kilogramos de coca. Participarían Eduardo Díaz Izquierdo, Martínez y Tony. Fracasa la operación.

—Abrantes orientando desde las sombras a Tony para que haga fracasar las operaciones de coca que estaba tratando de arreglar Ochoa con Pablo Escobar.

Mayo 3, 1988: Comienza en Londres la primera reunión de la Comisión Cuatripartita (Angola, Cuba, EUA, Sudáfrica y luego los soviéticos como invitados) que debe lograr la paz en el África Austral, incluidas las retiradas de las fuerzas cubanas de Angola y las sudafricanas de Angola y Namibia. Participo como miembro pleno de la Delegación Cubana.

Junio 1988: Abastecimiento de petróleo a carguero de marihuana. Pagados $30,000 y una vez más no es marihuana y matan a un tal «El Jamaicano» al entrar en Miami. Entregaron la embarcación del tráfico, «Miss Ida», que fue vendida posteriormente al INTUR (la principal empresa estatal de turismo cubana). El plan original era cobertura en aguas territoriales y espera por bombardeo con bolsas de la droga en el cabo de San Antonio (extremo occidental de Cuba). Se quedaron sin petróleo al sur y Guardafronteras los abasteció de petróleo y completaron el viaje.

–Raúl Castro comienza con su *lead motiv* favorito a lo largo de 1988: tener que fusilar a Ochoa. Sigue haciendo lo que le viene en ganas en Angola. De cualquier manera, Raúl Castro aún no sabe que Ochoa, rastreando toda la información que puede sobre sus enredos en el narcotráfico, se ha convertido en su fiscal.

–Fidel da luz verde para fabricar cigarrillos Marlboro en Cuba, es decir, una imitación no autorizada, y le dice a Tony que busque mercado, de ser posible, en los mismos EUA.

–Tony recibe la solicitud de Raúl Castro, a través de Abrantes, de que busque un par de Lear jets más «como los de Carlos Lehder».

JULIO 28, 1988: Dos golpes demoledores de los Mig 23 de la aviación de combate cubana sobre las agrupaciones sudafricanas en Ruacaná y Calueque, próximas a la frontera con Namibia, dan virtualmente por terminada la guerra en Angola. Ganan los cubanos, una victoria rotunda. Este mismo día, el coronel Rafael Morales, hasta hace poco viceministro de las FAR para Construcciones y Viviendas y reasignado en Angola, es llamado por Abelardo Colomé «Furry» para que le informe sobre las actividades de Ochoa en Luanda.

MEDIADOS 1988: Dice el informe de *Granma,* publicado en 1989, que en esta fecha Ochoa acuerda con Martínez su primera operación con los narcotraficantes; contradicción, porque dice al principio del mismo informe que fue en 1986.

OTOÑO 1988: Antonio de la Guardia hace fracasar el operativo de ejecución del general desertor Rafael del Pino en una pesquería a la altura de Miami. Se cobra por la operación de ajusticiamiento del «Bamby» Posada Carriles en Honduras que Fidel le hiciera fracasar a él.

Con su torcedura usual, Fidel consideraba que un «Bamby» vivo le era de mayor utilidad que muerto. (De acuerdo con la nota de octubre 16 de 1986, cuando la captura de Hasenfus en Nicaragua, Fidel ordenó revelar que tenían localizado a Posada Carriles, lo que hizo fracasar el atentado que Tony estaba preparando).

Septiembre 1988: Organizan otra operación de introducir drogas, esta vez por aire. Martínez informa a Ochoa por teléfono Habana-Lubango (Angola). Ochoa aprueba. La operación fracasa.

Octubre 1988: Los afortunados chicos de Tony. Nueva operación (no se especifica cantidad de droga). $250,000 por mantener a los lancheros durante el día en el cayo Bahía de Cádiz, y salir por la noche para recoger bombardeo de bolsas de coca a 30 millas al norte. No pagaron porque –dicen– no recogieron. Dejaron uno de sus barcos, el «Alí Babá», que fue vendido al INTUR.

Noviembre 1988: Operación de 150 kilogramos. Acuerdo de pago, $150,000. La cosa era mantenerlos en cayo Bahía de Cádiz y por la noche recoger el bombardeo de bolsas de coca a 15 millas. No pagado por suspensión de la operación debido a la presencia de un barco yanqui en la zona del bombardeo.

Diciembre 1988: De acuerdo con lo comentado a sus allegados, que en alguna forma llegara a conocimiento de Tony, Ochoa decide actuar separado de Tony a causa de los fracasos. (Desde luego que en ninguno de los informes oficiales posteriores se puede vislumbrar la posibilidad de que Tony estaba orientado por Abrantes para hacerle fracasar las operaciones a Ochoa.)

–Supuestamente el dirigente del M-19 colombiano, Navarro Wolf, hace un informe al jefe de la DGOE, general Alejandro Ronda, sobre participación de oficiales cubanos en negocios de narcotráfico. El informe es el resultado de un comentario de Wolf al mismo Alejandro en una pequeña fiesta en casa de un pianista bastante famoso entre los cubanos llamado Frank Fernández, reconocido como mentor de Silvio Rodríguez y Pablo Milanés. La fecha evidentemente es cercana al fin de año, o aprovecharon la presencia de los colombianos para festejar la Nochebuena, vedada aún para los cubanos. Los colombianos, Alejandro Ronda y Frank eran amigos con anterioridad a esta fecha.

–Abrantes rinde informe ante el Buró Político de la deplorable situación político-económico-social del país y hace un llamado por la unidad con la Unión Soviética.

–Fidel tiene conocimiento de los proyectos americanos de elevar un globo cautivo en Cudjoe Key, Florida, con la potente antena que trasmitirá las señales de Tele Martí hacia Cuba. Él ordena a la Fuerza Aérea Revolucionaria que se apresten a bombardear el islote. Los planes incluyen maniobras de bombardeo con fuego real en un deshabitado islote de la costa sur cubana. Carlos Aldana, por encargo de Fidel, quería por esa época que yo fuera preparando un escrito para hacer llegar a los intelectuales yanquis sobre los argumentos que asistían a Cuba para bombardear el globo con la antena e impedir a toda costa que la señal de TV Martí entrara en Cuba.

OPERACIÓN CIERRE DE 1988: Cargamento de 150 kilogramos. Suma pactada $250,000. Los lancheros se mantuvieron un día en Punta Hicacos para recoger el bombardeo a 25 millas al norte de Cayo Cruz. Además, se les suministra combustible. No se pagó porque no se pudo el bombardeo; la droga recala al día siguiente en los cayos cercanos, territorio de Cuba.[15]

---

[15] El párrafo completo de su declaración:
Yo pensaba que las acusaciones a Raúl se derivaban de la presencia de un oficial de las Fuerzas Armadas hablando con Pablo Escobar. Quedó en cierta penumbra la representación de Martínez ante Escobar; pero, por lo que él dijo, se deduce claramente que sin hablar, específicamente: «Yo represento esto o lo otro», él allí actuó de tal modo como si fuera un representante del Gobierno de Cuba. Y a nosotros nos consta que allí se creyó que éste era un enviado del gobierno, aunque no estaban seguros, no tenían seguridad total; pero en tal carácter se presentó él allí.

EL ENVENENAMIENTO DE ÁFRICA

Patricio está sobre la pista del vertedero de residuos nucleares del desierto de Moçâmedes. Es un secreto celosa y escrupulosamente guardado por las autoridades angoleñas. Los supuestos patriotas angoleños en complicidad con los franceses con su vertedero radioactivo por un lado. El conocimiento de unos pocos cubanos de la peligrosísima situación por otro. Cubanos que no le han soltado prenda a los angoleños de que ellos saben. El código «Kripton», tomado de las famosas tiras cómicas norteamericanas Superman, ha sido adoptado por Patricio como clave en sus mensajes o apuntes para designar la facilidad clandestina angoleña.

8 Revisar infor. de Molina sobre casos
   de espionaje.
9 Despedir al Cnl. Aldana.
10 Visita al almacén de Sao Paolo.
11 Trabajar en informe apreciación
12 del mes de Enero
13
14
15 Ver con TC. Luis sit. del Oficial Guaedea
16 Revisar documentos pendientes.
17   "   "   "
18 Reunión con Gral. Pols.; Ver informe
19 de Kripton.
20

7/Operación
PRELUDIO

Enero 9, 1989: Llega a Luanda el general de Cuerpo de Ejército Abelardo Colomé Ibarra «Furry». Viene a despedir las primeras tropas cubanas que regresan a su patria. Pero, lo fundamental, es que trae en el bolsillo la sustitución de Ochoa como jefe de la Misión Militar Cubana en Angola. Leopoldo Cintra Frías «Polo» es designado para reemplazarlo.

Es lunes. Furry y comitiva en Luanda. La despedida del primer contingente de tropas cubanas que se retira es un pretexto. El objetivo verdadero es Ochoa. Que regrese a Cuba con ellos en el mismo avión.

Enero 12, 1989: El general de División Arnaldo Ochoa Sánchez, la Estrella Roja del Ogadén, el Vencedor de Cuito-Cuanavale, toma su avión Ill-62 rumbo a La Habana. La escolta de Furry y otros generales no pasa inadvertida para Norberto Fuentes, que está en el aeropuerto de Luanda. Sale Ochoa de Angola. Sin pena ni gloria. Por lo demás, está preso y no lo sabe. Lo van a fusilar, y tampoco lo sabe. Le quedan 6 meses exactos de vida.

CIRCA ENERO 13, 1989: El Gobierno cubano solicita al general Patricio de la Guardia que permanezca dos años más en Luanda por sus excelentes relaciones con los mandos político-militares de ese país y con el mismo presidente Dos Santos.

CIRCA ENERO 16, 1989: Arnaldo Ochoa es nombrado jefe del Ejército Occidental[16] mediante una llamada telefónica de uno de los ayudantes de Fidel, probablemente José Naranjo «Pepín» o Miyar Barruecos «Chomi», cargo de jefatura que Ochoa se niega a aceptar hasta que no discuta «una serie de asuntos» con Fidel. El hecho no tiene precedentes en toda la historia de la Revolución Cubana.

ENERO 17, 1989: El general Patricio de la Guardia anota en su diario: «Traducir captación de mensajes de medios contaminados (desechos).»[17]

---

[16] Fidel aún no tenía a Ochoa en la mirilla como rival potencial en lo de las drogas, promotor por su cuenta de operaciones como La Tablada y oficial con demasiada «juntadera» con unos soviéticos en quienes Fidel no confiaba, hasta el punto de pedir a Abrantes que los vigilara. Aún lo reconoce como su amigo y él como su jefe indiscutible. Tampoco necesita en este momento disponer de su vida para sacudirse de la acusación de narcotraficante. Eso va a ocurrir dentro de unos cuatro meses. Por lo pronto es Raúl Castro —y sin que Fidel tenga un conocimiento cabal— el que le cierra el cerco a Ochoa, para lo cual intenta utilizar su disipada conducta sexual en Angola.

[17] Patricio le aseguró a este autor haber informado a su gobierno y a los soviéticos del vertedero nuclear en Moçãmedes y que la noticia, al menos por parte de los soviéticos, fue recibida con disgusto y como una prueba de la corrupción «que minaba al Gobierno angoleño». Tenemos como prueba la agenda del propio Patricio con las dos anotaciones —en clave personal de Patricio— sobre el vertedero. La Habana quería conocer con absoluta certeza lo que estaba ocurriendo, sobre todo le inquietaba que los angoleños hicieran negocios a sus espaldas. Decidieron movilizar las Tropas Especiales de las FAR en las proximidades de Namibia con el equipamiento provisto por los soviéticos pero como un movimiento regular de la Agrupación de Tropas del Sur cubanas en el área, de modo que resultara inadvertido al mando angoleño. Tropas Especiales es el nombre que reciben dentro de las FAR las unidades de guerra química, bacteriológica y radioactiva (no confundir con las famosas fuerzas de élite del Ministerio del Interior) y solían desplazarse con sus medios de detección junto con las grandes fuerzas de combate cubanas. Por su parte Patricio tenía la orden de «no quitarle el pie» —seguir de cerca— los acontecimientos y, sobre todo, buscar los nombres angoleños y de las firmas francesas comprometidos. Pero después de la Causa #1 y de su arresto, el tema desapareció de su horizonte para siempre. En la fecha de los acontecimientos, Patricio dejó claro que las noticias sobre el vertedero procedían de «información detectada por la penetración [de los cubanos] en la Seguridad [angoleña], el Ministerio del Interior [angoleño] y las FAPLA [Fuerzas Armadas Angoleñas]. Nunca por medios técnicos [de las FAR]. José

Hace semanas que está detrás de esta historia. Los rumores que han captado sus oficiales al más alto nivel del Gobierno angoleño, él ya lo ha trasmitido a La Habana –y se lo ha pasado a los soviéticos– como una realidad: el Gobierno de Angola, de acuerdo con firmas francesas – y mediante fáciles y baratos sobornos a los funcionarios angoleños– han establecido un vertedero de residuos nucleares en el desierto de Moçãmedes, próximo a la frontera con Namibia.

ENERO 18, 1989: Fidel y Raúl Castro están a punto de irse a las manos en público mientras celebran el cumpleaños del embajador soviético Yuri Petrov. La discusión fue comenzada por Raúl porque Fidel había movido de posición a algunos oficiales del Ejército Occidental sin consultarle. Después pasó al trillado tema de las reformas económicas. Después ofreció la renuncia. En un momento determinado, y luego de que Fidel se cansara de decirle que había extranjeros en el local, solicitaron a todos los presentes que desalojaran, y se quedaron los dos hermanitos lanzándose improperios y acusaciones mutuas ante los ojos atónitos de los dos grupos de escolta.

–En Angola: Patricio anota en su diario: «*Reunión con gral. Polo* [general de División Leopoldo Cintra Frías]; *ver informe de Kripton.*» Quiere establecer – con los equipos de detección que los soviéticos han entregado en el terreno a personal capacitado de las Tropas Químicas del ejército cubano– la magnitud de la operación en el vertedero nuclear. Kripton es su palabra de código tomada de las tiras cómicas de Superman.

ENERO 23,1989: Fidel se entera por los cables de prensa que Enrique Gorriarán Merlo –«El Pelao», según los cubanos; «El Pelado, según los argentinos, siempre más cultos»– y sus seguidores, han atacado el Regimiento de Infantería Mecanizada No. 3 (RIM-3), de La Tablada, en Argentina.

Eduardo Dos Santos, el presidente angoleño, era el primer nombre que aparecía en la lista de implicados de Patricio.»

Enero 27, 1989: Tormenta política en Argentina por el asalto al cuartel de La Tablada. También en La Habana. El susto y el miedo hacen presa de Patricio y otros altos oficiales del MININT –que se sienten comprometidos con la aventura– a la espera de la ira de Fidel. El argumento principal es que «Gorriarán lo hizo sin avisarle a nadie». Cuando ven la repercusión de la operación dicen, «coño, conteo regresivo hasta ver cuándo explota esto». Explota en Cuba, desde luego. El teniente coronel Juan Fornaris, nombre de guerra «Augusto», que es el segundo de Tony en MC, y que fuera el agente residente de mayor estadía en Argentina en los años 60 y que por tal razón es uno de los más estrechos asociados de Gorriarán en sus operativos con apoyo cubano, parece absorber todas las preocupaciones de la oficialidad cubana. «Inconsolable», es la descripción de Tony. El general Alejandro Ronda resulta el más diligente y rápido para sacudirse de cualquier culpa. «Yo se lo informé a Abrantes.» 27 horas de encarnizado combate y 23 cadáveres reconocidos de miembros del MTP, cinco no pueden ser identificados, tres desaparecidos, y 11 militares y policías muertos. Mas Ochoa no parece darse por enterado. Tiempo después, Patricio, ya en la prisión, continúa lamentándose del asalto a La Tablada. Achaca las culpas al general Alejandro Ronda. «Me embarcó con Gorriarán y luego no tuvo los cojones de reconocerlo.»

Enero 28, 1989: Anuncia Gorbachev visita a Cuba en abril.

Finales enero 1989: Negocios de Tony con Ramiro Lucio, otro colombiano del M-19, que no son tomados muy en serio por Tony. Ramiro ofrece importantes sumas de dinero, unos $800,000 cada vez, sólo por los vales de compra de grandes cantidades de pintura de exteriores e interiores que ellos supuestamente producen. Necesitan ese respaldo para adquirir el éter que en verdad sí necesitan para la coca.

Febrero 1989: Martínez, el ayudante de Ochoa, viaja a Panamá. Trata de establecer contactos independientes con la gente de Escobar.

–Primera operación del año, de acuerdo con la tabla publicada durante el juicio a Ochoa por *Granma*. 500 kilogramos de coca. Pago acordado, $500,000. Enviados a Patricio en Angola (probablemente para amortizar los pagos angoleños de equipamiento militar que nunca aparecieron), y reservando $20,000 para pago de muebles de CUBALSE (empresa cubana de abastecimiento a diplomáticos, extranjeros y cubanos con acceso a dólares) que luego son cargados en los propios aviones de los narcos como cobertura en la eventualidad de que sean «bajados» y capturados. Pueden decir que fueron a Cuba a comprar esos armatostes. Operación calificada de «fina» –cuidadosa, sofisticada. Bombardeo de bolsas de coca desde avión a 14 millas al norte del faro de Cruz del Padre (islote cubano) a una embarcación y después aterrizaje en Varadero para abastecerse de combustible y cargar muebles. Además, dos lanchas esperando en Punta Hicacos.

–Última oportunidad de la CIA y el resto de los servicios especiales de monitorear los pasos de Antonio de la Guardia. Saliendo a finales de enero y llegando hacia el 28 de febrero, Tony hace el periplo Habana - Madrid - Victoria (España) - Ginebra - Ghana - Congo - Punta Negra (Congo) - Ghana - Ginebra - París - Madrid - Habana. La única parte del viaje realmente honorable, ausente de drogas, parece haber sido en Francia, donde se entrevista con *Dutreau* [tal el nombre que ha llegado hasta nosotros], el asesor económico del presidente francés, a través de un enigmático personaje cubano llamado Carl Valdés y que, pese a la honorabilidad del episodio, es alguien que no puede pisar territorio de EUA, donde se le ha encausado por numerosos cargos. De modo que Tony se empata con Dutreau para tratar de llevarlo a la situación de embullar a los primeros inversionistas para el planeado *resort* turístico de Cayo Coco, que es una encomienda del gobierno y con apoyo de Abrahám Maciques, el director de la todopoderosa corporación CUBANACÁN S.A., de Diocles Torralba, el ministro de Transporte, y el mismo Fidel. Por otra parte, se entrevista con sus viejos amigos de la casa comercial francesa Sucres et Denrées (Sucden) para venderles el protocolo alimentario de Angola e interesarlos asimismo en la producción angoleña de petróleo, café y diamantes.

Los últimos pasos en auténtica libertad de Tony –el viejo Siciliano, como se le solía llamar en los compartimentos estancos de la Inteligencia cubana. Si alguien lo ha seguido, calculen, debe haber sido la DEA, puesto que con la excepción de la escala francesa, el resto no ha sido más que la creación de empresas fantasmas para usar como pantalla del narcotráfico y posible santuario de salvamento de lo que han dado en llamar el África Korps cubano.

FEBRERO 25, 1989: Supuesto informe a Abrantes de un colombiano no identificado sobre cubanos metidos en el narcotráfico.
Es el mismo informe del colombiano Navarro Wolf, que algunas fuentes sitúan en diciembre del 88.

MARZO 1989: La segunda operación. 400 kilogramos. Pago acordado, $500,000. Pagados $150,000 (escondidos en un televisor). Bombardeo de las bolsas de coca a 20 millas del cayo Bahía de Cádiz, donde esperan las embarcaciones. Otros $150,000 transportados en una nevera, pagados después. El dinero (y la nevera) ocupados luego a Eduardo Díaz Izquierdo.

–Tercera operación: 600 kilogramos. Pago acordado, $600,000. Operación de bombardeo de bolsas de coca a 15 millas del faro de Cruz del Padre y aterrizaje en Varadero. Permanencia de 2 embarcaciones en Barlovento (la Marina Hemingway, al oeste de La Habana) y Varadero. Pagados $580,000. Los $20,000 restantes empleados en adquisición de obras de arte de CUBALSE para cobertura del viaje de regreso y –esto fue un gazapo inexplicable de la censura– para adquirir uniformes de camuflaje para el general Gondín.

–Previo a la visita de Gorbachev a La Habana y como toda respuesta a los llamados de Abrantes a la unidad con los soviéticos, Fidel le pregunta por el resultado de las investigaciones que él le mandó a hacer sobre las actividades de los soviéticos precisamente.[18]

MARZO 15, 1989. Miércoles: Comienza el chequeo, sobre todo, del grupo de Tony y sus asociados. Por primera vez en la historia del K-J, la Brigada 1 abandona su habitual persecución del personal diplomático

---

[18] Al igual que con los deslices prosoviéticos y otros problemas de conducta de Arnaldo Ochoa, Fidel cree que puede controlar a Abrantes en sus aventuras a favor del Glásnost y la Perestroika. Los acontecimientos inmediatos van a impedir evidentemente que ninguna de estas posiciones políticas se asiente.

norteamericano para desviar su atención sobre un grupo de cubanos. Los idus de marzo de 1989. Exactamente.

MARZO 16, 1989: Operaciones de la Radio Contrainteligencia (RCI) sobre el grupo de Tony.

MARZO 23, 1989: Anuncio oficial público de la próxima visita de Mihail Gorbachev a Cuba del 2 al 5 de abril.

–El ministro del Interior José Abrantes aprovecha el 30 Aniversario de «los órganos de la Seguridad del Estado» para soltarle a los intelectuales cubanos un discurso totalmente perestroiko en el que gana absoluta distancia de los tonos apocalípticos y bélicos tan esenciales a Fidel Castro. Cuando Abrantes dice que la confrontación entre Cuba y EUA «matiza inevitablemente muchos acontecimientos», se apresura él mismo a enmendar la plana de los ortodoxos y dispara: «ya no podemos ceder a la tentación facilista de ponerle un rótulo político a cualquier fenómeno que tenga lugar en nuestra sociedad y que pueda desagradarnos o impactarnos. Muchas veces las cosas no son tan sencillas. El tratamiento tampoco puede ser en la mayoría de los casos [¡Oigan esto!] esquemático o represivo [subrayado en el original]», y entonces llega más lejos que nadie en Cuba cuando declara unilateralmente una especie de amnistía ideológica total en el país, al asegurar: «Estamos y estaremos abiertos al diálogo, en la disposición de escuchar y discutir cualquier idea, cosa o problema que pueda preocuparles, y en el cual consideren útil nuestro conocimiento o participación...», y a continuación el párrafo que saca de sus casillas a Fidel Castro y que recita de memoria como la mayor ignominia que pueda haber ocurrido bajo su gobierno:

> No me refiero [dijo Abrantes], sólo a los compañeros que tienen relaciones de muchos años con el Ministerio [del Interior, es decir, Seguridad del Estado], ni me refiero tampoco exclusivamente a los que puedan opinar más cercano a nosotros, sino también a aquéllos que tengan ideas distintas o que vean los problemas con otros matices o enfoques.

El discurso «perestroiko» de Abrantes –publicado el 24 en *Granma*– le cuesta el futuro político a Julio García, el presidente de la Unión de Periodistas de Cuba, que lo redacta, y después al mismo Abrantes, que lo lee y asume como suyo, y al final a Carlos Aldana, que lo aprueba.

MARZO 27, 1989: Los oficiales de MC se percatan del *gardeo* (vigilancia cerrada o en extremo próxima sobre el objetivo, tomada del *guarding* del juego de baloncesto) al que se les está sometiendo y le informan a los *men* (los contrabandistas de origen cubano residentes en Florida) que frenen las operaciones hasta el 5 de abril.

MARZO 28, 1989: Fidel –que se presenta de improvisto en un acto a puertas cerradas con los altos oficiales del Ministerio del Interior– toma la palabra y se refiere a la muerte a solas con el enemigo como «un cierto sueño», como un ideal de muerte al que deben aspirar los combatientes de la Seguridad del Estado. Este segmento del discurso no aparece al otro día publicado en *Granma*. No se publica porque ésa es la clave: prepárense, porque los voy a matar.

ABRIL 1989: Cuarta operación. 600 kilogramos de coca. Acuerdo de pago, $600,000. Bombardeo a 15 millas de Cruz del Padre y aterrizaje después, y 2 lanchas en Varadero para recoger el material bombardeado. No se había pagado en el momento de la causa.

–Quinta operación. 500 kilogramos. Precio, $600,000. Bombardeo de avión frente a Varadero donde espera la lancha. Avión aterriza en Varadero, donde compra 100 gallos finos. Los $600,000 pagados.

–Sexta. Coca en cantidades no especificadas. A cobrar $250,000. Operación de cobertura en aguas cubanas. El barco se rompió en la costa norte. Reparado en Barlovento. Llegó a Varadero, hizo el trasbordo de la mercancía de la embarcación «MY» en un cayo y de ahí regresaron a la Florida. No se ha pagado. A la espera del cobro en MC cuando se cerraron las operaciones. El barco MY está roto. Trasladado a Barlovento, donde aún se encontraba en el transcurso de la Causa #1.

ABRIL 2-5, 1989: Visita de Mihail Gorbachev a La Habana. El último estalinista es el cubano. El anfitrión cubano.

ABRIL 17, 1989: Robert Vesco acusado por el Gran Jurado que instruye de cargos a Carlos Lehder en Jacksonville, Florida, por conseguir una autorización de tránsito sobre el espacio aéreo de Cuba para aviones que transportaban drogas. Según la acusación, las autoridades cubanas aprobaron este arreglo. Es el tercero de los cuatro casos de narcotráfico en los cuales se demuestra, ante grandes jurados federales norteamericanos, la participación de funcionarios cubanos del más alto nivel. Tercero también producido antes de la célebre Causa #1 de 1989 en Cuba –pero en el que ya se producen argumentos que adentran el tema.

A propósito de esto, en una entrevista posterior por Radio Martí, el ex general de la Fuerza Aérea de Cuba, Rafael del Pino, que desertó en 1987, informa que todos los aviones que vuelan sobre Cuba, fuera de los corredores aéreos aprobados para las aeronaves comerciales y privadas, tienen que pedir autorización a la oficina de Raúl Castro en el MINFAR, donde por lo general se las conceden. Es precisamente esta autorización uno de los asuntos fundamentales que surgen durante el proceso contra Ochoa –la Causa #1. Sin embargo, en ningún momento durante este período está Ochoa al mando de las fuerzas dedicadas a controlar el espacio aéreo, las aguas territoriales y las costas de Cuba. Sólo Raúl Castro tiene el mando supremo de las fuerzas que permiten a los contrabandistas aterrizar en Cuba y les ofrece asistencia de radar y protección de los guardacostas norteamericanos.

ABRIL 22, 1989: La séptima operación. 500 kilogramos. Pago acordado, $500,000. Bombardeo de bolsas de coca y recogida a 15 millas de Cruz del Padre. Esperando todo el día una embarcación en Varadero. Pagados $150,000, el resto pendiente al momento de la Causa #1.

ABRIL 23, 1989: De todas las acusaciones, la más inquietante para Fidel Castro es la que termina hoy con la incriminación de Reinaldo Ruiz y su hijo Rubén, por un Gran Jurado de Miami. Es el cuarto de los cuatro casos de narcotráfico en los cuales se demuestra, ante grandes jurados federales norteamericanos, la participación de funcionarios cubanos del más alto nivel. A Reinaldo y a su hijo les permitían aterrizar en el aeropuerto de la playa de Varadero para reabastecerse de gasolina luego de haber dejado caer la carga de droga en la vecindad de las costas de Cuba. Las naves patrulleras cubanas protegían de los guardacostas norteamericanos a los «lancheros» que venían de Florida para recoger el cargamento de drogas.

Anteriormente, Reinaldo Ruiz había hecho negocios en Panamá con su primo el capitán Miguel Ruiz Poo, a través de Interconsult. Las implicaciones del caso Ruiz –según consideran la mayoría de los estudiosos– es el suceso central que da lugar a la llamada Causa #1, al juicio de Ochoa, que va a tener lugar en las próximas semanas. Por cierto, que esta compañía del Gobierno cubano –Interconsult– manejaba la venta de permisos de salida para personas que eran traídas ilegalmente a EUA, ya fuera a través de Cayo Bimini o de México. Luego del derrocamiento del general Noriega, en diciembre de este año, se revela que se habían hecho mas de 43,000 entradas ilegales en EUA valiéndose de esa ruta, a un costo de más de 450 millones de dólares pagados a las autoridades cubanas y panameñas por familiares de esas personas. Pero este es un escándalo aparte del caso Ochoa.

ABRIL 23-24, 1989: Octava y última operación de droga del Departamento MC. 400 kilogramos de coca. Dinero acordado, $200,000. Bombardeo de bolsas en el mismo lugar y recogida por lanchas que estuvieron en Varadero. Un pago de $130,000 entregado en Cayo Romero en una nevera, y de esta operación y la anterior ocuparon 156 kilogramos de coca (¿comenzaban a oler los chicos de Amadito?) que los *men* no se llevaron a Florida.

–Contacto radial descubierto por la RCI entre Matanzas y Florida (EUA). Se está produciendo la última operación.

ABRIL 28, 1989: Reunión del Alto Mando del Ministerio del Interior para supuestamente analizar las actividades de narcotráfico que se están produciendo a la altura de la península de Varadero.

ABRIL 29, 1989: Tony envía lo que él llama «un botín» de aproximadamente $544,000 a su amigo Norberto Fuentes para que lo tenga a buen recaudo.

–Patricio de la Guardia recibe en Luanda la noticia de que su misión ha terminado después de 35 gloriosos meses en Angola, y que regresa definitivamente a Cuba.

MAYO 13, 1989: Último encuentro de Fidel con NF antes de la Causa #1 en la boda de uno de los chóferes de Gabriel García Márquez.

MAYO 16, 1989. Patricio comienza la preparación de su partida.[19] Lo primero es ajustar todas sus cuentas y clarificar las transacciones comerciales en que se ha involucrado. Emplea un método muy rudimentario pero claro y eficaz. Apuntarlo todo en su agenda o meterle los recibos entre sus hojas. Toma especial cuidado en los negocios con el MINFAR y su nuevo jefe de Misión en Angola: el general de División Leopoldo Cintra Frías.

MAYO 22, 1989: Alcibíades Hidalgo localiza a Norberto Fuentes en casa de una amante porque tiene el recado urgente de Raúl Castro de que se aleje de Arnaldo Ochoa y de Tony de la Guardia. Norberto Fuentes elegirá este episodio con Alcibíades y los acontecimientos derivados para comenzar un libro suyo en el que –más allá de las cuantiosas traiciones y de las ideología y del posible bienestar personal y de la patria a la que nunca has pertenecido–, lo único que debe prevalecer como los picachos de las montañas cuando se observan desde un avión, que emergen tan pujantes como hurañas sobre el techo de nubes y ellas mismas son capaces de proyectar la sólida sombra de sus cumbres sobre la parte superior de la capa de nubes, es la experiencia de haber conocido la amistad.

---

[19] El tráfico de contrabando era una de las actividades habituales aunque no, como es la creencia generalizada, para cubrir las necesidades de las tropas cubanas, pues estaban garantizadas por los mandos soviéticos y angoleños. Este tráfico era para recaudar dinero y/o marfiles, o lo que fuera, que se enviaban a Cuba, a los mandos del MININT o del MINFAR y ellos le daban el uso que estimaran conveniente.

Mayo 26, 1989. Patricio anota en Luanda:

> REGRESO DEFINITIVO A
> CUBA. CUMPLÍ CON
> FIDEL Y RAUL.
> PATRIA O MUERTE

y en la hoja a continuación, del día 27 de mayo, con doble raya:

> <u>VENCEREMOS</u>

Es lo último que escribe en Luanda, antes de abordar el Illushin-62 de Cubana de Aviación que es con toda seguridad el último avión que va a tomar en toda su vida este hombre renacentista y sibarita, con su cuerpo perfecto de paracaidista, que ha sido capaz de pacificar a todas las tribus de la frontera Norte de Angola a favor del gobierno de José Eduardo Dos Santos. Este último vuelo, de 15 horas, a 12 kilómetros de altura y 920 kilómetros por hora, que lo conduce majestuoso y sereno como sólo vuelan los Illushin-62 hasta la Patria, ahora lejana y para nunca más capaz de albergar a hombres como él. Patria que lo espera en los rostros de sus vulgares y estúpidos carceleros y en la traición innombrable de Fidel Castro hacia sus propios hombres. Qué inútiles pueden ser las palabras.

> CUMPLÍ CON FIDEL Y RAUL.
> PATRIA O MUERTE.

> **26** REGRESO DEFINIT
> VO A CUBA
> CUMPLÍ CON
> FIDEL Y
> RAÚL
> PATRIA o
> MUERTE

> **27** VENCEREMOS

LA VERDAD NO ERA LA GLORIA
Patricio regresa victorioso de Angola, ha pacificado el norte y garantizado para el gobierno angoleño que la Exxon pueda continuar con su explotación de los yacimientos de Cabinda. Su entrada en el diario del 26 de mayo de 1989 refleja su sentido de haber cumplido con su deber. Cree que es un día glorioso. Cree que la próxima escalada de su futuro es la jefatura de la Dirección General de Operaciones Especiales y una bien merecida candidatura para el Comité Central. La exaltada caligrafía empleada para el apunte de despedida le impide mantenerse en la hoja correspondiente al último viernes de Luanda. En realidad, iba camino de un juicio, del encarcelamiento y del fusilamiento de su hermano gemelo, Tony.

8/EL PROCESO

MAYO 29, 1989: La primera reunión de Raúl Castro y dos de sus más encumbrados generales, Abelardo Colomé Ibarra «Furry» y Ulises Rosales, con el general Arnaldo Ochoa, es en realidad una especie de petit tribunal de inquisición. Bajo la aparente preocupación por su conducta sexual, lo que se quiere es que confiese sobre cuatro asuntos que ya le preocupan bastante a Fidel Castro.

Ninguno de estos puntos de la discusión en el transcurso de la reunión con Ochoa, se mencionan en las posteriores sesiones ante el tribunal de la Causa #1:

1) Manifestaciones de desacato contra el propio Fidel
2) Relaciones y posibles acuerdos establecidos en Luanda con los generales soviéticos
3) Qué está buscando con Pablo Escobar y el narcotráfico
4) Por qué y cómo organizó a espaldas de Fidel «y demás compañeros de la Dirección del país» el asalto al cuartel de La Tablada, en Argentina.[20]

---

[20] Fidel suele dar bastante mano suelta a sus comandantes en el terreno, que es una forma habitual de poder desentenderse de sus errores o, por el contrario y mucho mejor, apropiarse de sus aciertos. En el caso de Ochoa se suma, además, sus propias aspiraciones políticas y el

–Ochoa preso hasta el 3 de junio. Nadie en el mundo parece enterarse. En Cuba, no pasan de 20 las personas que lo saben.

Mayo 30, 1989: Se anuncia sustitución de Tony de la Guardia en MC.

–Se le dice a Tony que su próxima misión consiste en restablecer contacto con unos 3,000 agentes de los 6,000 que se estima fueron infiltrados en EUA cuando el puente del Mariel. Un personal con el que se ha perdido la comunicación y otros que están sembrados pero no se sabe de ellos hace algunos años.

Junio 2, 1989: Supuestamente Ochoa pide una reunión a solas con Raúl Castro.

Junio 12, 1989: Arrestado Arnaldo Ochoa a las 8:30 PM en el Ministerio de las Fuerzas Armadas Revolucionarias, y los mellizos De la Guardia, con un intervalo de minutos de separación, hacia la misma hora, en el Ministerio del Interior.

---

hecho de que ya, por la época de su compromiso con Gorriarán, él manifiesta una actitud de permanente desafío hacia la autoridad de Fidel. Es lo que explica finalmente su interés en las operaciones de narcotráfico. Estaba abonando su propio patio político y de influencias en América Latina y África y ya tenía un buen terreno ganado con los sandinistas en Nicaragua –a los que debía 100,000 dólares, que nunca los sandinistas le exigieron su devolución– y con José Eduardo Dos Santos en Angola –con el que se había comprometido a comprar cuatro aviones Hércules C-130 y una batería de cañones G-5 de proyectiles activo-reactivos–, aparte de la enorme influencia que ejercía desde la guerra del Ogadén con el hombre fuerte de Etiopía, Mengistu. También habría que investigar qué le estaban diciendo al oído los generales soviéticos destacados en Luanda. Sólo una paradoja en este horizonte de muñequeo político: que Ochoa desanda para suplantarlo un camino que hasta ahora ha sido el reino de las relaciones de Fidel Castro, desde líderes guerrilleros y jefes de gobierno hasta narcotraficantes. Para decirlo de otra manera, Ochoa estaba tentando sus propias posibilidades como líder revolucionario y con la evidente ilusión de «hacerlo mejor» aunque dentro de las mismas matrices fidelistas. No quiere decir que estuviera ya embarcado en una conspiración en regla. Sencillamente expresaba una actitud. Por otro lado, Fidel sabía y sabe que esto pasa constantemente con sus hombres –los cuales, la mayoría de ellos, campesinos hambrientos de los cuartones más intrincados de la montaña que se sumaron a la guerrilla como una forma mejor de vida, de mucho menos trabajo, no tienen un compromiso ideológico serio, pero que son siempre rectificables mientras se tenga de ellos la debida y actualizada información. Pero también son fichas, hombres de la Revolución, hombres de tareas, de cuyas vidas se dispone cuando la entidad revolucionaria lo requiera. Morir fusilado por tus propios hermanos es una tarea que se te asigna.

```
C.I.M.   = 8 MILLONES FC.

DIA 8  - $ 3333.00 US. = 1 MILLON
8/12/88   entregados al Cor. Miguel.
              7 MILLONES FC

DIA 26 - $ 3335.00 US = 1 MILLON FC
26/12/88  entregados al Cr. Miguel.
              6 MILLONES FC.

DIA 10 - $ 3335.00 US. = 1 MILLON FC.
10/1/89   entregados al Cr. Miguel
              5 MILLONES FC.

DIA 30    $ 3330.00 US = 1 MILLON FC.
30/3/89   entregados al Cr. Miguel
              4 MILLON FC.

DIA 15    $ 11,000 USD = 4 MILLONES FC
15/4/89   entregados al Cr. Miguel.
              0

DIA 16    $ 14,000 USD = 5 MILLONES FC.
16/5/89   entregados al Gral. Polo.
```

AGENDA CULPOSA

No importa el exaltado epílogo de sus apuntes angoleños, ni que crea haber cumplido –como es un hecho y como anota en su diario el 26 de Mayo– con sus jefes, Fidel y Raúl Castro. Unos rudimentarios asentamientos administrativos del general Patricio hechos a vuela pluma –aunque perfectamente aceptables para los términos de una guerra– y un acuse de recibo para señalar un faltante (o error de contabilidad) de 30 dólares, adquieren la categoría de documentación estratégica para el Gobierno cubano. Esta es la situación en que agenda de Patricio pierde toda pretensión de inocencia. La situación hacia 1991 es Patricio preso y desaparecida su agenda o diario de la campaña angoleña con estos papeles doblados e incluidos entre sus hojas. El Gobierno y su policía están buscando por toda La Habana. Tiene lógica. Patricio cumple condena, entre otros cargos, por supuestos negocios no autorizados en la República Popular de Angola. Como quiera que el coronel «Miguel» –mencionado en estos documentos en trasiego ínter burocrático– era el delegado en Angola de dos de los principales acusadores y represores de Patricio –los generales Colomé y Gondín–, y que el tal Gondín, codicioso y durito como le gusta ser visto, es el que precisamente espera en Cuba por la plata, pues lo que se presenta es un problema, un verdadero desaguisado. Nada simpática la idea de esa agenda demostrativa de que Patricio actuaba siguiendo instrucciones superiores.

CIM. 8 millones FC

DIA 8 — $ 3333.00 US. = 1 millón
4/12/88 entregados al Cor. Miguel.
7 millones FC.

DIA 26 — $ 3335.00 US
26/12/88 entregados a
6 millo

DIA 10 — $ 3335.00 U.
10/1/89 entregados
5 m.

DIA 30 — $ 3330
30/3/89 entregados

DIA 15 — $ 11,000
15/4/89 entregad
o

Día 16   19,000 USD = 5 mill.
14/5/89 entregados al Gral. Polo.

Día 26 — $ 15,000 USD = 5 millones FC
26/5/89 entregados al Gral. Polo.

Cheque de los pesos zebra (Zunbrane)
Cnel Aki.

Cro. Gral. Patricio:

Le comunico que cuando contamos el dine
que enviamos al Jefe Dirección CIM, Gra
Div. Gondín, observamos $ 3300.00 CIM, Gra
y no $ 3330.00 como dice el sobre en su
su exterior.

Saludos,

Cor. Miguel
1/4/89

Las FAR dan inicio a la operación «Bandera Roja» que consiste en mantenerse en posición uno (eso es en plena disposición combativa, es decir, dispuestos a entrar en combate e inclusive pasarte los tanques por arriba apenas den la orden) en los accesos de las principales unidades del Ministerio del Interior, empezando por la misma sede del Ministerio, en la Plaza de la Revolución, y el campamento de Tropas Especiales, al oeste de la ciudad.

JUNIO 13, 1989: *Granma* publica que el general retirado de la DAAFAR, Diocles Torralba, ministro de Transporte, ha sido arrestado por conducta licenciosa. Torralba era suegro de Tony de la Guardia y su arresto fue solamente un intento burdo de Raúl Castro de vincular a Ochoa y los otros acusados con la vida de soltero que llevaba Diocles, una vez divorciado. Lamentablemente, ha habido versiones de los hechos en el exterior que han dado credibilidad a historias plantadas por la Inteligencia cubana relacionadas con este intento.

JUNIO 14, 1989: *Granma* publica el arresto de Ochoa.
Por la noche, Raúl Castro pronuncia su errático discurso por el 18 Aniversario del Ejército Occidental en el que se refiere por primera vez al caso Ochoa. Entre otras cosas, a seguidas de una larga serie de quejas sobre la conducta de Ochoa y su insolencia en el trato con Fidel, le dice a un auditorio de cientos de oficiales, obviamente desconcertados, que: «Fidel es nuestro papá.» Pero, no hace referencia alguna al narcotráfico ni a los cuatro puntos mencionados en la reunión con el general Ochoa el 29 de mayo.

JUNIO 16, 1989. Madrugada: El general de División Pascual Martínez Gil al frente de unos 12 oficiales de la Seguridad del Estado se presenta en mi apartamento y ocupa un maletín con 167,611 dólares, que es el remanente del más de medio millón de dólares que Tony de la Guardia pusiera a mi cuidado desde 04/29/89 y del cual Tony ha estado extrayendo algunas cantidades regularmente para sus compromisos de MC.

–*Granma* publica el editorial «Una verdadera revolución no admitirá jamás la impunidad» escrito en lo esencial por Fidel y en el que ya se menciona la participación de funcionarios cubanos en el narcotráfico —«los oficiales renegados» que le pidiera Ronald Reagan.

JUNIO 22, 1989: *Granma* publica su fatídico editorial «Sabremos lavar de forma ejemplar ultrajes como éste», también escrito en lo esencial por Fidel y en el que ya se adelanta que el final es en el paredón.

JUNIO 25, 1989: Comienza sus sesiones el Tribunal de Honor de 47 generales y almirantes «para analizar la conducta del general de División Arnaldo Ochoa».

JUNIO 26, 1989: Concluye sus sesiones el Tribunal de Honor, el momento más alto de retórica estalinista en Cuba. Como en esos famosos juicios estalinistas, los testigos reflejan los resultados de pasarse noches en vela al tener sus celdas iluminadas a todas horas y estar oyendo regularmente el batir contra la puerta de los carceleros. Ochoa es autocrítico y acepta los cargos, y se le ve apesadumbrado y contrito y llega a solicitar virtualmente que se le fusile. Antonio de la Guardia, sin embargo, llamado a declarar, está fuera de control. En una visita de su hija, poco antes de iniciarse el juicio, Tony reconoce estar desorientado y haber perdido toda idea del tiempo. Aunque no ofrece resistencia a los cargos y luce presto a declararse responsable de cualquier desafuero, no es precisamente el reo más adecuado para un proceso de esta clase.

JUNIO 27, 1989: Fidel visita a Tony en Villa Marista. Persuade a Tony de que asuma toda la responsabilidad por las operaciones de narcotráfico. Su argumento es que la Revolución afronta un peligro inminente de destrucción y que sólo él, Tony, puede salvarla si se inculpa. A su vez, le ofrece «dejarlo todo en familia», es decir, que no habrá sangre. Su última solicitud es que no mencione a nadie «de coronel para arriba» (sic) y que no mencione a Abrantes ni a Norberto Fuentes en el juicio que va a celebrarse, puesto que no quiere en este asunto mezclar a una persona tan cercana a él como Pepe Abrantes, ni meter a alguien ajeno al aparato militar y de Seguridad –mi caso– que no haría sino complicar más las cosas, un escritor metido en medio de todo eso. «Así que no menciones a nadie de coronel para arriba. Mejor aún, no menciones a nadie que el fiscal no mencione antes. Pero nunca, nunca, digas nada ni de Pepe ni de Norberto».[21]

–Fidel ordena a los instructores y carceleros que les den visitas familiares a los detenidos y que suavicen un poco las extremadamente duras condiciones de arresto con vista al juicio y para vencer cualquier resistencia interna.

JUNIO 28, 1989: Abrantes cesa en el Ministerio del Interior y de acuerdo con *Granma* «continúa gozando de toda la confianza».

–Al mediodía: Fidel asiste al almuerzo con los embajadores de Europa occidental en casa del embajador español, Antonio Serrano de Haro, y degusta de un gazpacho. Está dando continuidad a unas reuniones de este tipo cada seis meses y aprovecha para decir que los detenidos son muy valientes y que están colaborando, con objeto de ablandar toda posible solidaridad internacional. Después de esto a nadie se le va a ocurrir en Europa salir a defender a Ochoa o a cualquiera de los otros. El embajador francés, Jean Louis Marfaing, hablando posteriormente *totally off the record* con algunos periodistas saca su conclusión de que Fidel «realmente no sabía una palabra del narcotráfico».

JUNIO 30, 1989: El Tribunal Militar Especial inicia sus sesiones en una pequeña sala de audiencias del edificio del Ministerio de las Fuerzas Armadas Revolucionarias.

–Por la tarde: Gabriel García Márquez llega a La Habana de su casa en México. Fidel manda a buscarlo de inmediato a la sede del Ministerio de las Fuerzas Armadas Revolucionarias, donde se está celebrando el juicio.

JULIO 1, 1989: Fidel recibe una carta del hombre fuerte de Panamá, Manuel Antonio Noriega, que advierte a Fidel de los peligros que corre.

---

[21] El autor recibió la información por vías diversas. Pero la más importante fue Patricio de la Guardia en un mensaje desde la prisión, que le advirtió, después de la muerte de Abrantes, que en su última conversación con su hermano Tony, antes de que lo llevaran a fusilar, éste le había contado su conversación con Fidel y las peticiones del Comandante para el juicio. La reunión de Patricio y Tony, en Villa Marista (los dos estaban allí presos) fue como una especie de última voluntad que se le concedió a Tony.

«Detrás de todo eso de la droga están los americanos. Pero el objetivo eres tú.» Noriega dio la carta en persona a Márquez, funcionario del centro de la Inteligencia de la embajada cubana en Panamá, y él la trajo personalmente en el vuelo regular de Cubana. El coronel Filiberto Castiñeiras «Felo», del MININT, fue a buscarla al aeropuerto y se la llevó en persona a Fidel, que estaba en el cuarto piso del MINFAR, desde donde monitoreaba el juicio. Fidel estaba con Raúl y Pascual, jefe de Felo, y otros más. Fidel la abrió y leyó delante de Felo. Dijo: «Está bien. Está bien», mientras asentía ante el breve mensaje. Ningún otro comentario. Se la pasó a Raúl. Raúl la leyó a su vez, la dobló y se la pasó a Pascual, con la orden de que la archivara. Pascual la metió en el sobre y se la dio a Felo y le dijo: «Archívala.» Felo salió de la oficina, cogió su carro, cruzó la Plaza de la Revolución y llegó a su oficina. Tuvo la curiosidad de abrirla y leerla antes de archivarla. Después se lo contó a NF.

–Por la noche: El general de División Manuel Fernández «Manolito» se persona en la habitación de monitoreo contigua a la Sala Universal FAR –donde se está celebrando el famoso juicio de la Causa #1– y desde la que, a través de un cristal de una sola visión, Fidel contempla las sesiones y dirige la actuación del fiscal y los tres miembros del Tribunal, a los que somete a un permanente bombardeo de papelitos doblados con sus instrucciones. Manolito le entrega un *set* de siete hojas pulcramente diseñadas en un formato apaisado en el que se encuentra un esquema de las operaciones de narcotráfico efectuadas por el Departamento MC y que ha sido preparado con la información sintetizada de los interrogatorios. Fidel desvía su atención del juicio y con su costosa estilográfica Montblanc rojo coral 202 de fino punto número 2 anota al lado de cada uno de los oficiales de MC las operaciones que han efectuado. La robusta pluma entre sus dedos largos y de uñas cuidadosamente recortadas, que parecen terminar en la finura del punto de esta Montblanc diseñada para la exigencia e inspiración de los más elevados espíritus y que ahora corre dulcemente sobre una hoja de papel suministrada por los almacenes del Ministerio del Interior. Sus delicados números encerrados en círculos le servirán de base para luego determinar la cantidad de años con que va a condenar. Después enrosca su estilográfica, le dedica una breve sonrisa de aprobación a Manolito, coloca el legajo sobre el mantel de la mesa con los sandwiches y los termos de jugos y café y hace el comentario de que estaría bueno publicar esto.

Tal es el origen de que, días más tarde, al prepararse el abultado volumen de las sesiones editadas de la causa (que se publicará como *Fin de la conexión cubana*), le pasen este esquema a los editores y se les instruya para que lo incluyan. La causa de que la edición sea retirada de todas las librerías apenas esté comenzando a distribuirse es que se tuvo el temor de que, al incluir la reproducción de estos esquemas, alguien advierta la caligrafía de Fidel (nadie lo advierte, de cualquier modo) y el gazapo inexplicable de una incómoda mención al general Gondín (ver tercera operación, 03/89), que acaba de ser nombrado como un sagaz e incorruptible viceministro primero del nuevo Ministerio del Interior que se piensa reconstruir. También se escapan las referencias ahí anotadas sobre los asesinatos de dos de los narcotraficantes venidos de Miami —«Paquito» (ver primera operación, 01/87) y «Jamaicano» (ver 06/88)— y se escapa el nombre del teniente coronel Urra y el de un tal Joel, otro oficial del MININT, que son los iniciadores de estas operaciones en el Departamento MC y los cuales no se mencionan ni una sola vez –al menos en los fragmentos que se hicieron públicos– en todo el proceso. Las razones de este «conteo de protección» a Urra y Joel permanecen desconocidas.

–Arresto de José Luis Padrón. Cuarenta días detenido en Villa Marista. Objetivo: determinar el grado de conocimiento sobre operaciones de narcotráfico y cualquier cosa que sepa que no la repita más nunca. El interrogado responde positivamente a los requerimientos: no sabe nada.

–Max Marambio es arrestado en la oficina de su nuevo negocio, International Network Group. Sale esposado y a empujones. Un par de días de interrogatorios en Villa Marista. Objetivo: determinar el grado de conocimiento sobre operaciones de narcotráfico y cualquier cosa que sepa que no la repita más nunca. El interrogado responde positivamente a los requerimientos: no sabe nada.

–Ramiro Valdés es llamado varias veces a interrogatorio, pero sin arrestársele. Objetivo: determinar el grado de conocimiento sobre operaciones de narcotráfico y cualquier cosa que sepa que no la repita más nunca. El interrogado responde positivamente a los requerimientos: no sabe nada.

JULIO 4, 1989: El ministro de Justicia y general, Juan Escalona, actuando como fiscal del Tribunal Militar Especial que juzga la Causa #1, solicita pena de muerte para 14 de los acusados. Terminan las sesiones de este proceso.

JULIO 7, 1989: Dicta sentencia el Tribunal Militar Especial. Pena capital para Ochoa, Martínez, Tony y Amado Padrón. Para Patricio de la Guardia y los oficiales de MC Antonio Sánchez Lima, Eduardo Díaz Izquierdo, Alexis Lago Arocha, Miguel Ruiz Poo y Rosa María Abierno Gobín, 30 años. Para Willye Pineda, Gabriel Prendes y Leonel Estévez (los tres de MC), 25 años.

Como quiera que el narcotráfico no es punible con la pena de muerte en la legislación cubana –si acaso en el peor de los casos con 12 años de privación de libertad–, hubo que convertir la culpa de estos hombres a golpe de puro retruécano en el delito de traición. Este es uno de los momentos más espléndidos de la manipulación cubana: por un lado recurren al delito de narcotráfico para eludir un espinoso y desacreditador proceso político, pero como el narcotráfico no les da para matarlos, llevan esta figura delictiva hasta la frontera más lejana de la retórica y los convierten en traidores.

JULIO 9, 1989: Reunión de los 29 integrantes del Consejo de Estado de la República de Cuba para conocer de oficio la sentencia de pena de muerte «a los ciudadanos» Arnaldo Ochoa, Jorge Martínez, Antonio de la Guardia y Amado Padrón. Las conclusiones del acto trasmitido por TV corresponden, desde luego, a Fidel, que consume parte de su turno en vender la idea de una alianza con EUA para luchar contra el narcotráfico. «... tendrá que regularse de alguna forma», dijo, «y habrá que buscar alguna forma de comunicación entre Estados Unidos y Cuba en esta batalla común...»

–Suicidio –¿Suicidio? ¿Con un Magnum 44? ¿Con un disparo casi pegado a la nuca?– de Enrique Cicard, el coronel «Mickey», verdadero artífice de los servicios de inteligencia cubanos que ha deplorado y censurado abiertamente el destino dado al coronel Antonio de la Guardia, lo que ha llamado «la pérdida de un gran compañero». Mickey Cicard era un peje muy importante aunque totalmente desconocido. Su muerte fue muy misteriosa y no apareció en ningún periódico. Mickey era el jefe de los ilegales de la Inteligencia cubana, y considerado uno de los tipos más enigmáticos e inteligentes del MININT. Hasta donde yo sé, además, era amigo de infancia de Pepe Abrantes y ciudadano americano.

JULIO 13, 1989: Arnaldo Ochoa, Antonio de la Guardia, Amado Padrón y Jorge Martínez fusilados por un pelotón de seis hombres al mando del general de Brigada José Luis Mesa Delgado[22] en un potrero cercano a la base aérea de Baracoa, al oeste de La Habana. Una de las versiones de mayor credibilidad explica que el potrero se halla dentro del perímetro de la base aérea de Baracoa, ubicado al oeste de la playa de Santa Fe, en la costa norte de la provincia de La Habana. Es un área alejada de la pista de aterrizaje destinada habitualmente para el Escuadrón Ejecutivo de aviones An-26 de las FAR. Una unidad de Tropas Especiales de la Contrainteligencia Militar –los «boinas rojas»–, se encargó de preparar el terreno y colocar un poderoso sistema de iluminación. Poco después de la medianoche, llega a las inmediaciones del potrero una caravana de autos oficiales, encabezada –según los testigos– por el aún viceministro de Defensa, Abelardo Colomé Ibarra, a quien acompañan los generales Ulises Rosales del Toro, Senén Casas Regueiro, Sixto Batista Santana, Leopoldo Cintra Frías y Félix Baranda Columbié. En el pelotón de fusilamiento, contrario al procedimiento militar, todos los fusiles están cargados con balas vivas. Bien pasada la medianoche, y una vez que todos los generales están presentes en el área de la ejecución, llega una ambulancia militar con tres de los convictos: el coronel Tony de la

---

[22] El general José Luis Mesa Delgado había sido ascendido recientemente al generalato luego de un oscuro decenio como coronel. Era jefe de las Tropas de Prevención de las Fuerzas Armadas Revolucionarias –la versión del comunismo cubano de la Policía Militar, por la que estaba subordinado directamente a la Contrainteligencia Militar. Su ascenso estuvo relacionado directamente con el fusilamiento de Ochoa y la necesidad de contar con un general que fuera un esbirro y no un revolucionario de la vieja guardia, que se hiciera cargo de la faena sin que se le contrajera un músculo del rostro y sin preguntas innecesarias, obediente y profesional.

Guardia, el mayor Amado Padrón Trujillo y el capitán Jorge Martínez Valdés. Los tres son llevados, uno por uno, hasta el poste de madera donde los amarran para irles fusilando, también uno por uno. Son ejecutados por un pelotón comandado por el coronel Luis Mesa, que después procede a darles el tiro de gracia con una pistola Makarov. Aproximadamente a la una de la mañana traen en una vieja camioneta Mitsubishi al general Arnaldo Ochoa escoltado pero sin las manos atadas. Lo llevan primero a mostrarle los cadáveres de los otros ejecutados que se encuentran en camillas en el suelo envueltos en sacos manchados de sangre. Cuando se le pone enfrente al pelotón de fusilamiento, Ochoa pide que no se le amarre. Al oír el primer comando de ejecución «preparen» mantiene la cabeza baja, y al oír el comando de «apunten» la levanta y mira justo al frente del pelotón en un acto típico de un militar. Después de la orden de fuego el coronel Mesa le da el tiro de gracia. Hacia la madrugada, un pelotón de seguridad de las Tropas Especiales toma el control del Cementerio Colón en La Habana, y colocan los cadáveres en tumbas no marcadas, conocidas solamente por muy pocas personas.

JULIO 29, 1989: Arrestados los dos últimos altos oficiales del Ministerio del Interior –el coronel Filiberto Castiñeiras y el mayor Ulises Gámez– en relación con la purga que se está produciendo. El argumento inicial para encarcelarlos es que «no gozan de la más mínima confianza» de los nuevos jefes procedentes del Ministerio de las Fuerzas Armadas Revolucionarias.

JULIO 30, 1989: Llegan los primeros tanques y medios de combate de Angola.

–Detenido Abrantes y lanzado en un calabozo de la Contrainteligencia Militar.

–Al anochecer. La noticia aún no ha sido divulgada (aunque es del dominio público), cuando se produce sin duda uno de los episodios de mayor hidalguía de la historia cubana contemporánea. El turno del ofendido: el disidente Elizardo Sánchez, que ha sido uno de los objetivos (si no una de las víctimas) recurrentes del aparato represivo comandado por Abrantes durante décadas, levanta un teléfono y emite un comunicado urgente a todas las agencias de prensa y a todas las embajadas y dos o tres de los corresponsales clave en el extranjero de su Comisión Cubana de Derechos Humanos y Reconciliación Nacional, para advertir que la vida del ministro del Interior está en peligro. No sólo es el primero sino que es el único teléfono que se levanta en Cuba para defenderlo.

JULIO 31, 1989: *Granma* publica la noticia de la detención de Abrantes.

AGOSTO 1989: Suicidio del ex jefe de finanzas del Ministerio del Interior, coronel Rafael Álvarez Cueto. *Granma* acepta su vinculación con la Causa #1.

AGOSTO 5-6, 1989: El turno de los inocentes. Era sábado pero Elizardo ya estaba marcado para que lo cogieran. Tiene chequeo y es «demostrativo». Camina hasta la casa de una amiga. Los carros se mantienen detrás. A Elizardo vienen a buscarlo después de su visita a casa de la amiga, que es una novia. Tiene en la puerta al teniente coronel Tomás Márquez, al que llaman Tito Márquez, mulato blanconazo, o jabao –según el criterio racial con que se le mire–, «un jabaón», al decir habanero, corpulento, que será el organizador de los operativos anti-disidencia, con espejuelos de armadura metálica no muy modernos, no unos RayBan sino más bien soviéticos, y que a veces se hace llamar Tomás Martínez o Capote, y que dice, «Estás preso». La policía se ha personado en su residencia a las 5:08 AM. y se retira a las 9:18 AM., después de ocupar diversos documentos e incautar –como su mayor presa– una fotografía de Elizardo y el Senador Edward Kennedy. Otros dos activistas son detenidos, Hirám Alí Cobas y Hubert Jeréz Mariño.

AGOSTO 14, 1989: Se termina de construir de urgencia un edificio aislado dentro del recinto de la prisión de Guanajay, a 50 kilómetros al oeste de La Habana, a orillas de un tramo ahora regularmente vacío de la otrora transitada Carretera Central. En total: tres recintos, un sendero de ronda entre dos de ellos, por el que pasearán guardias con perros Doberman; estos son dos bloques de celdas que han sido construidos con el fin de que los detenidos de la Causa #1 no se mezclen con los de la

Causa #2. Los primeros son los del departamento MC y serán alojados a la izquierda del patio a la entrada; los segundos, es decir, los del ministro del Interior Abrantes y sus compañeros, que aún no han sido juzgados, estarán a la derecha. El tercer recinto es administrativo. Dos torreones de más de 20 metros de altura para colocar vigías armados, además de los guardias instalados en las garitas en cada rincón del recinto; y aun un campamento de artillería antiaérea con algunas piezas y un destacamento en composición probable de una compañía (10 vehículos) de transportadores blindados anfibios BTR 60PB desplegado en los accesos. Un grupo de «boinas rojas», unidad de elite del MINFAR, remplaza a los guardias de la administración penitenciaria.

Agosto 14-15, 1989: Traslado nocturno de los prisioneros supervivientes de la Causa #1 a la nueva prisión en Guanajay.

Agosto 16, 1989: Los condenados de la Causa #1 reciben sus primeras visitas familiares en Guanajay.

EN SU PROPIA LETRA

Fidel Castro anota esos números, reservados en círculos, al lado de los nombres de los oficiales de la dependencia MC –de la Dirección General de Inteligencia (DGI) cubana– mencionados en los formularios que resumen los embarques hechos para sumar la cantidad de operaciones en las que había participado cada uno y decidir los años de prisión a los que se les condenaría. Los formularios, que ocupan siete hojas preparadas por seguridad del Estado para presentar una tabulación de las operaciones, fueron incluidos por error («imprudentemente», dijo Fidel) en la primera edición (100,000 ejemplares retirados de inmediato de las librerías) de *Causa 1/89 Fin de la conexión cubana*, el libro con la amañada versión oficial cubana del caso. Los formularios revelaron algunas inconveniencias extras, como la operación de enero de 1987, en la que hay un muerto –«Paquito»–, y una de junio de 1988, en la que hay otro –«El Jamaicano»– las que nunca fueron mencionadas en el juicio, como tampoco lo fueron los oficiales Joel y Urra. Nunca juzgados. Nunca comparecientes. Aparecen señaladas las menciones a los asesinatos de Paquito y El Jamaicano, así como la distribución de una parte del dinero procedente del narcotráfico destinado a comprar uniformes para el general Gondin, hombre de toda la confianza de Raúl Castro y nombrado viceministro primero del Interior luego de los hechos juzgados en esta misma causa. Las ampliaciones se incluyen para destacar la caligrafía de Fidel. (Ver: páginas 307-313 de la primera edición de *Causa 1/89. Fin de la Conexión Cubana*, La Habana, Editorial José Martí. Publicaciones en Lenguas Extranjeras, 1989.)

AÑO : 1987

FECHA	COORDINADA POR :	PRECIO	TIPO DE OPERACION	PARTICIPANTES	FORMA DE PAGO, LUGAR Y DESTINO
Enero Marihuana	José y Uma con Francisco Rivera Cruz c/p "TIBURON" o "PAQUITO".	$100,000.00	Cobertura aguas jurisdiccionales y reabastecimiento de combustible bahía de Cádiz, donde estuvo guarecida unos 10 días por mal tiempo y no lluvia.	José Helmer Sanchez Lima EMBARCACION Paquito y otros 4 cubanos que vinieron a buscar la droga en 3 cigarretas.	No pagado. Según se dijo no era Marihuana y mataron a Paquito. Dejaron el barco en Cuba nombrado Bahía que lo llevó TGF.
? 1987	Alex con Reinaldo	$300,000.00	Avión que aterrizaría en Varadero para entregar a una embarcación.	Alex Amado Eduardo Vino El Guajiro en una Verade	No pagado. Llegó la embarcación, pero el avión no. Hoja No. 1

AÑO : 1987

FECHA	COORDINADA POR :	PRECIO	TIPO DE OPERACION	PARTICIPANTES	FORMA DE PAGO, LUGAR Y DESTINO
Mayo (500 Kg COCA)	Alex y Eduardo con Reinaldo Ruiz	$500,000.00	Avión aterrizaje en Varadero y entregan a una embarcación en el mismo lugar. (Cajas de computadora)	Eduardo Amado AVION Reinaldo Uiz Piloto EMBARCACION El Guajiro El Abuelo El Curro Otro más	$500,000.00. El Abuelo lo trajo el dinero y fue entregado a Tony por Amado. Además Reinaldo le entrega a Alex $40,000.00 en Panamá por comisión de los que entregó $20,000.00 a Tony, quedándose con el resto para gastos de la Empresa en ese país.
3er trimestre (330 Kg COCA)	Rosa María y Helmer con Jorge Trumi	$250,000.00	Avión que aterriza en Varadero y es trasladada a Estados Unidos en tres embarcaciones.	Sanchez Lima Helmer Rosa María Paredes Llanes (se dice ND conoce de la droga) AVION Trumi	$300,000.00. Vino después a Cuba por Trumi en avión, por Varadero y trajo el dinero en dos cajas que fueron entregadas a Tony. Fueron dado $300,000.00 más porque había mal tiempo, teniendo que trasladar la droga a Santa María del ... ... es Hoja NO. ?

AÑO : 1988

FECHA	COORDINADA POR :	PRECIO	TIPO DE OPERACION	PARTICIPANTES	FORMA DE PAGO, LUGAR Y DESTINO
1er Trimestre (400 Kg COCA)	Eduardo y Amado con Galiche y El Ronco	$400,000.00	Aterrizaje de avión en Varadero y traslado para una embarcación.	Eduardo Amado Willy Pineda AVION Piloto (colombiano) EMBARCACION Pepe Galiche El Ronco	$200,000.00 Entregados en México a Amado y Willy, en un maletín, invirtiéndose en México. $200,000.00 y el resto se lo entregaron a Tony.
Junio/88 MARIJUANA	Sanchez Lima con Ruelles sin precisar fecha.		Daría cobertura próximo a las aguas territoriales de Cuba, bombardeando el Cabo San Antonio. De esta operación se había hablado, pero no concretado nada. No obstante se quedaron simpatizados al sur de la Isla y al comunicar T.G.F. la había la situación, dieron orientación de señales petróleo y coronaron el viaje.	Helmer Sanchez Lima EMBARCACION Agustín Jheasy Otro más	$30,000.00 Vinieron dentro de una nevera y le fueron entregados a Tony. Vieron esta suma porque lo vendido no era Marihuana, no obstante por lo que al ir a cobrar a Miami el Jamaicano lo mataron. Además entregaron la embarcación del código Dios Ida que fue vendida al INTUR.

FECHA	COORDINADA POR	PRECIO	TIPO DE OPERACION	PARTICIPANTES	FORMA DE PAGO, LUGAR Y DESTINO
Octubre	Sánchez Lima, Prendes y Helmer con Carlos Ríves y su hijo Juan Carlos.	$150,000.00	Mantenerlos durante el día en Bahía de Cádiz, saliendo por la noche y recoger el bombardeo a 30 millas al norte.	Sánchez Lima (4) Prendes EMBARCACION Carlos Ríves Hato Juan Carlos Pablito	No se pagó, pues dicen fueron al bombardeo y no pudieron recoger droga, regresando vacío dejando el barco ALÍ Babá que fue vendido al INTUR.
Noviembre (150 Kg COCA)	Sánchez Lima con Raulito.	$150,000.00	Mantener en Bahía de Cádiz una embarcación durante el día y por la noche recoger un bombardeo a 15 millas de Cayo Sal.	Helmer (5) Prendes Sánchez Lima (5) EMBARCACION Raulito Agustín Jhersy	No se pagó. La operación no se dió por la presencia de un barco norteamericano en la zona del bombardeo.
Diciembre (150 Kgs)	Sánchez Lima con Luis El Grande.	$250,000.00	Se mantuvieron un día en Punta Hicacos para recoger bombardeo a 15 millas de Cayo Cruz. Además se le suministró combustible.	Helmer (6) Prendes Sánchez Lima (6) EMBARCACION Agustín Jhersy Otro más	No se pagó pues no pudo ser recogido el bombardeo. Recuentan la droga al siguiente día.

FECHA	COORDINADA POR	PRECIO	TIPO DE OPERACION	PARTICIPANTES	FORMA DE PAGO, LUGAR Y DESTINO
Marzo (400 Kgs COCA)	Eduardo ...		durante ... de Cádiz.	El Guajiro Rosa María Amado AVION Piloto (colombiano) EMBARCACIONES Jorge Alberto.	$580,000 Traído posteriormente por Jorge en avión por Boyeros en un maletín, entregado a Tony. $80,000 fueron invertidos en objetos de arte comprados en CUBALSE para los narcotraficantes y para comprar uniformes de camuflaje para el General Gondín.
Marzo (600 Kgs)	Rosa María y Amado con Jorge.	$600,000.00	Bombardeo por avión a 15 millas del faro de Cruz del Padre y aterrizaje en Varadero y permanencia de 2 embarcaciones en Barlovento y Varadero.		No se ha pagado. Se está en espera de Jorge.
Abril (600 Kgs COCA)	Rosa María y Amado con Jorge.	$600,000.00	Bombardeo de avión a 15 millas del faro Cruz del Padre aterrizando después en Varadero. Espera de 2 lanchas en Varadero para recoger el bombardeo.	Rosa María y Amado. AVION Piloto (colombiano) EMBARCACION 2 cubanas	... ocupada a Carlos ... era $110,000.00 y el resto lo repartió entre Joel, Willy Pineda, Alex y Eduardo.
(Coca)	Sánchez Lima, Prendes (7) Helmer con Raulito.	$250,000.00	Cobertura en aguas territoriales próximas a Cuba se rompió el barco en la costa norte, se arregló en Barlovento fué de ahí a Varadero, hizo el trasbordo en un Cayo y regresaron a Varadero.	Sánchez Lima (7) Prendes Helmer (10) EMBARCACION Jhersy Agustín Hoct	No se pagó. Estando en espera del cobro cuando se cerraron las operaciones. Pelearon en Cuba la embarcación de la droga nombrada HV que está rota en Barlovento. Sánchez Lima en viaje a Panamá hizo gestiones para cobrar pero no pudo.
Abril 22 (500 Kgs COCA)	Eduardo con El Abuelo.	$500,000.00	Bombardeo y recogida por lancha a 15 millas del faro Cruz del Padre. Esperando el día ...	Eduardo Amado	$150,000 entregados por El Abuelo a Tony ... Hoja NO. 3

AÑO: 1989

FECHA	COORDINADA POR	PRECIO	TIPO DE OPERACION	PARTICIPANTES	FORMA DE PAGO, LUGAR Y DESTINO
Abril 23 (400 Kgs COCA)	Eduardo y Amado con El Abuelo.	$200,000.00	Bombardeo en el mismo lugar que el anterior y recogida por lanchas que estuvieron esperando en Varadero.	Eduardo Amado (3) Alex EMBARCACION Regatas Lengua-Trapo El Gordo Chiquillo	$130,000.00 Entregados en Cayo Romero en una nevera que fue ocupada a José H. Medina Fernández. Esta operación y la anterior ocuparon 156 Kgs de CCCA en Cayo Romero.

DINADA POR :	PRECIO	TIPO DE OPERACION	PARTICIPANTES
z Lima, Prendes, er con Carlos Ri su hijo Juan	$250.000.00	Mantenerlos durante el día en Bahía de Cadiz, saliendo por la noche y recoger el bombardeo a 30 millas al norte.	Sanchez Lima ④ Prendes EMBARCACION Carlos Rives Moto Juan Carlos Pablito
z Lima con Raúli	$150.000.00	Mantener en Bahía de Cadiz una embarcación durante el día y por la noche recoger un bombardeo a 15 millas de Cayo Sal.	Helmer ④ Prendes Sanchez Lima ⑤ EMBARCACION Raulito Agustín Jhersy
ez Lima con Luis Rande.	$250.000.00	Se mantuvieron un día en Punta Hicacos para recoger bombardeo a 25 millas de Cayo Cruz. Además se le suministró combustible.	Helmer ⑤ Prendes Sanchez Lima ⑥ EMBARCACION Agustín Jhersy Otro más

La caligrafía de Fidel Castro en el esquema de las operaciones de narcotráfico del Departamento MC publicado «imprudentemente».

9/DEJANDO DE SER NOTICIA

AGOSTO 24, 1989: Comienza el proceso «legal» del juicio contra José Abrantes. De inmediato es evidente que no ofrece al público ninguna oportunidad para aclarar las cosas. Circunscrito a cuatro sesiones a puerta cerrada, los debates se relacionan con asuntos ¡económicos! Se le bautiza Causa #2 de 1989. Pero los demás acusados comprenden que es necesario callarse, y es así como los acusados de la Causa #2 callan durante las audiencias todo lo que tiene que ver con la droga y la Seguridad del Estado. Felipe Alemán Cruz, procurador general de los Tribunales Militares de las FAR, enfoca su acusación en la existencia de un fondo de millones de dólares utilizado en forma indebida. Afirma lo que su predecesor Escalona ni siquiera concibió como diseño difamatorio: el Departamento MC no tenía por objeto principal vencer el embargo económico sino conseguir divisas para irrigar esos fondos. Cita entre los demás contribuyentes menos productivos al servicio de Aduanas. El antiguo director de aeropuertos de La Habana, teniente coronel Manuel Gil Castellanos, el superviviente del desembarco con Menéndez Tomassevich en Machurucuto, Venezuela (ver 05/8/67), se encuentra entre los acusados, así como el general Pascual Martínez Gil, ex viceministro del MININT. Ninguno figuraba en la lista de oficiales detenidos simultáneamente con Abrantes y que lo acompañan ante los jueces: Roberto González Caso, ex jefe de Inmigración, Oscar Carreño Gómez, director de Aduanas, Héctor Carbonell Méndez, director de una empresa llamada «Eica», y el teniente coronel Rolando Castañeda Izquierdo, por largo tiempo encargado de misiones secretas en Tropas Especiales y que luego trabajó directamente con Abrantes.

AGOSTO-SEPTIEMBRE 1989: Pasan inadvertidos y fuera del conocimiento público otra secuencia de procesos, uno –justo antes del de Abrantes–, celebrado contra el teniente (nunca ascendió de este grado pese a ser un cuarentón veterano de Seguridad del Estado) Ramón Ferrín López «El Gordo Ferrín», adjunto al jefe del Departamento MC, y encargado de los movimientos de su personal en las fronteras; el teniente coronel Michael Montañés Caballero «El Gordo Maico», el buzo amigo de Patricio de la Guardia y prácticamente su segundo al mando en las operaciones angoleñas; el teniente Enrique Follo «Quique», ayudante de campo de Patricio en Angola y el oficial del MININT más condecorado en esa campaña por la valentía y desempeño mostrados en el cerco de Cuito Cuanavale (los cubanos eran los cercados); y Guillermo Julio Cowley del Barrio «Willy», el oficial de operaciones especiales adjunto al jefe del Departamento MC. Únicamente el primero es condenado: tres años de prisión. Pero todos pasan largos meses detenidos en Villa Marista mientras transcurre «su proceso de instrucción».

–La secuencia de los procesos contra los altos oficiales del MININT se alarga hasta finales del verano y su numeración alcanzará hasta la llamada Causa Especial #12. Todos eran relacionados con la limpia post-causa Ochoa-Tony. Sus divergencias tenían que ver esencialmente con sus posturas políticas. Si seguían o no al lado de la Revolución. El momento quizá más trágico a la vez que tonto fue en Guanajay a fines de 1989, cuando supieron que había sido apostado un destacamento de BRDM –el transportador blindado anfibio–, en las afueras del penal. Algunas cabecitas calientes, como la de Rolando Castañeda Izquierdo, interpretaron el hecho como una movilización ante una probable invasión americana y no que era para masacrarlos precisamente a ellos, los presos, ante cualquier eventualidad, y se propusieron escribirle una carta a Fidel

¡solicitando su derecho a morir peleando por la Revolución si los yanquis atacaban!

AGOSTO 31, 1989: Abrantes condenado a 20 años de prisión, y sus compañeros de infortunio del siguiente modo: 5 años a Manuel Gil Castellanos, 12 a Pascual Martínez Gil, 10 a Roberto González Caso, 7 a Oscar Carreño Gómez, 8 a Héctor Carbonell Méndez, y 6 a Rolando Castañeda Izquierdo.

CIRCA NOVIEMBRE 1989: Por oficiales amigos, cuyos nombres no pueden mencionarse, me entero de un alzamiento de origen nítidamente político de la Escuela de Oficiales de las Fuerzas Blindadas, de Managua. Yo me la jugué y fui allí a los dos o tres días del acontecimiento. Managua estaba sobrecogida por el terror. La instalación fue rodeada por fuerzas de contingencia de Prevención, la policía militar cubana, que también desaloja el pueblo cercano. El combate comienza hacia las 9:00 PM y dura hasta las primeras luces del amanecer. Un reducto de los jóvenes oficiales amotinados en la puerta principal de la Escuela se niega a rendirse y tienen que ser reducidos con fuego de ametralladoras pesadas. Todos los líderes de la sublevación mueren y no es posible determinar sus objetivos con precisión. Hay no menos de 20 cadáveres al final y se sabe que clamaban por «justicia» a través de los megáfonos empleados regularmente para los toques de corneta, y que alcanzaron el cuartel maestre y se apoderaron de los AK-47, con los que hicieron tan formidable resistencia.

NOVIEMBRE 24, 1989: El turno del que recordará. Condenado a dos años de cárcel el disidente Elizardo Sánchez Santa Cruz y a un año y medio Hirám Alí Cobas y Hubert Jeréz Mariño, sus compañeros de denuncias por los fusilamientos y arrestos de los altos oficiales del MININT y el MINFAR.

1989-1990: Se registran divergencias entre los presos de las causas que van de la uno a la doce. También momentos de estrecha solidaridad. Una de las primeras divergencias tiene un origen tan lamentable como ridículo y surge entre quienes afirman que quieren reeducarse como revolucionarios, y aquéllos indiferentes a la redención política –entre estos últimos, por supuesto, Patricio de la Guardia y José Abrantes.

Noviembre 1990-enero 1991: Dos siquiatras le administran calmantes a Abrantes en gran cantidad desde hace varias semanas con el fin de reducir su ansiedad, admiten Jean-Francois Fogel y Bertrand Rosenthal en *Fin de siglo en La Habana*. ¡Dos sicólogos administrando sedantes en gran cantidad!

En realidad, lo que se le está administrando gradualmente en vez de ansiolíticos son medicamentos que inducen el aumento de la contracción muscular cardiaca –«para lograr un daño cardiaco severo»–, o también pueden estar buscando una solución de largo alcance como pastillas de digitálicos –*digoxina* o *digitoxina*–, con el objeto de crear un proceso lento de intoxicación por la acumulación de dosis mantenidas de glycoside que se encuentra en este tipo de droga.

Diciembre 1990: La policía política se desespera por encontrar y ocupar las agendas de Patricio de la Guardia, con apuntes de su puño y letra, de su experiencia en la campaña angoleña de 1987-1989. Pero manos amigas de la familia De la Guardia logran ponerlas a salvo fuera de Cuba mediante «una vía diplomática». Y aterrizan en los Estados Unidos. Tres agendas, una por cada año. A veces utilizadas para organizar sus citas y compromisos, otras con observaciones más bien propias de un diario, estas agendas tienen algunas partes comprometedoras para el Gobierno cubano y sobre todo para los militares como el general de División Juan Carlos Gondín, que han contribuido con militante entusiasmo a la destrucción del general Ochoa y los hermanos De la Guardia y asociados, sus antiguos compañeros, porque Gondín es señalado como uno de los beneficiarios del tráfico de marfiles y otras mercancías del «trapicheo» –el comercio de baratijas o de intercambio mercantil de poca monta– cubano en Angola, así como con referencias crípticas en cuanto a la creación de un basurero nuclear en el desierto de Moçâmedes, próximo a la frontera Namibio-Angoleña.

Enero 17, 1991: Abrantes hace saber a algunos de sus compañeros de prisión que desde hace días tiene una sensación de malestar de aspecto particular. Nadie lo toma con la suficiente seriedad puesto que, hasta donde saben, Abrantes nunca ha presentado problemas cardiacos y, por otro lado, sí es famoso por su exagerada hipocondría, dispuesto siempre a padecer instantáneamente todas las enfermedades de que tenga conocimiento.

ENERO 18, 1991 Viernes: Patricio de la Guardia y José Abrantes acaban por encontrarse en este día de enero, mientras cuidan legumbres en un pequeño invernadero hidropónico al cuidado de los detenidos. En una versión que se ha hecho más o menos pública y que es bastante confiable –pese a problemas de inexactitudes y pequeños gazapos que no son del caso ventilar ahora– y que ha sido publicada fuera de Cuba, el ex ministro del Interior se confiesa con su antiguo subordinado: «Sobre la droga, Fidel lo sabía todo. Yo le informaba sin entrar en detalles».

De acuerdo con lo dicho por Abrantes a Patricio en la prisión, «Cuando Castro se dio cuenta de que la actividad del Departamento MC era conocida por los norteamericanos, especialmente a resultas del juicio de los Ruiz, y que podían alegarse pruebas en cualquier momento, los sacrificó. La oficina política [quiere decir el Buró Político, de hecho la máxima instancia de Gobierno del país] aprobó las ejecuciones aun antes de que el proceso tuviera lugar y aun antes de que el Comité Central lo aprobara. Asistí en directo al proceso de Ochoa ante el Tribunal de Honor, al lado de Fidel y de Raúl, en un circuito cerrado de televisión. Tony rindió testimonio sobre la droga. Al final, le dije a Fidel: 'Todo lo que ha sido dicho aquí, ya te lo había informado'. Nada pasó hasta que protesté contra la decisión sobre las penas de muerte. A la mañana siguiente «Pepín» [José Naranjo, jefe del equipo de coordinación y apoyo al Comandante en Jefe] se encontraba ante mí para anunciarme mi destitución del ministerio.»

Estas revelaciones generan una violenta confrontación de los prisioneros José Abrantes y Patricio de la Guardia en un pabellón del establecimiento penitenciario de máxima seguridad de Guanajay. Al aceptar Abrantes que «todo» –las operaciones de narcotráfico– estaba autorizado por Fidel, a Patricio le resulta imposible contenerse al entender, de una vez y por todas, que a su hermano mellizo lo han matado por una misión que se le había encomendado y, finalmente, para garantizar que la coartada no se descubriera. Ya que la coartada era el mismo Tony. De inmediato, esa tarde, Raúl Castro primero, y Fidel después, son informados del altercado y que éste se ha producido porque Abrantes le ha dicho a

Patricio que Fidel («el compañero Comandante») estaba al corriente de las operaciones de drogas.

El propio Patricio de la Guardia ofrece datos adicionales en su versión de los hechos. El fragmento siguiente está tomado de una carta suya fechada en la cárcel de Guanajay «March/APR 1991 (sic.)», que se logró hacer llegar a Estados Unidos y que desde entonces estuve autorizado a publicar:

> *Días antes de que Abrantes muriera súbitamente, éste hubo de reconocerme después de un pequeño altercado que hube de tener con él, que era verdad que esa cocaína estuviera en CIMEQ [Centro de Investigaciones Médico Quirúrgicas] guardada por orden de Fidel, [y] que él había recibido órdenes de Fidel de que tratara de comercializarla en Checoslovaquia y en los países socialistas... Como verás... Tony cumplía órdenes... En el juicio de la Causa #2 Abrantes reconoce que había recibido, él como Ministro del Interior, tres millones de dólares de MC. Yo pienso que debe haber sido mucho más, pues en el Banco Financiero [entidad estatal cubana que sólo opera con moneda convertible]... Abrantes tenía 12 millones de dólares en movimiento.*

ENERO 20, 1991. Domingo: Diocles Torralba, el ex ministro de Transportes, también caído en desgracia y condenado a 20 años de prisión, y que comparte su celda con Abrantes, informa a la administración del penal a través de los celadores internos, que Abrantes al parecer no se encuentra bien. Más tarde, Diocles lo acompaña hasta la enfermería de la prisión, escoltados los dos, por supuesto, por unos fornidos boinas rojas.

–Por la tarde: El enfermero de guardia en la enfermería le administra una inyección intramuscular a Abrantes con una sustancia que el mismo enfermero identifica como un tranquilizante.

ENERO 21, 1991: LUNES: Abrantes empeora y pide que lo excusen del trabajo en el huerto. Tiene 58 años. No tiene ningún historial de problemas cardiacos. Hace dos días que se siente mal. Pide a los guardias que le dejen llamar a su mujer, Natasha. Le conceden unos minutos. Se había casado con la joven estando él en prisión. Cuarto matrimonio de Abrantes. Ella acababa de parir por primera vez una semana antes. Una niña. Abrantes no la ha visto. Natasha, aún recobrándose de una operación de cesárea, tiene un pase para visitarlo, pero le dicen que no puede usarlo hasta el próximo viernes. «Trata de conseguir un permiso y ven rápido», le ruega Abrantes. «No me estoy sintiendo bien y quiero conocer a la niña.» Dos horas más tarde, Abrantes le dice a su compañero Diocles Torralba que el dolor está empeorando. A las cuatro de la tarde ya lo describe como un violento e insoportable dolor de pecho. Minutos después, se derrumba.

Cerca de una docena de prisioneros comienzan a gritar por ayuda. Cuando nadie acude, comienzan a golpear frenéticamente en las paredes de cemento. Los guardias acuden a las celdas pero se quedan inmóviles contemplando la escena. Dirían después que pensaron en una sublevación o un intento masivo de fuga. El director de la prisión no se encuentra en el predio y los guardias alegan que tienen órdenes terminantes de no abrir las celdas bajo ninguna circunstancia. A esa hora no sólo falta el jefe de prisión, sino que tampoco aparece la luminosa enfermera del día anterior ni el prodigioso enfermero con sus enormes inyecciones de la muerte ni los sedados sicólogos de noviembre, diciembre y enero. «¡Lo están dejando morir! ¡Esto es asesinato!», gritan los compañeros de Abrantes.

Pasa una hora y media de este tiempo descompuesto. Cuando finalmente aparece un parsimonioso director de la prisión, Abrantes yace en el piso. Está inconsciente. Pero aún respira. Tres guardias lo colocan en una camilla y lo llevan a una calle lateral interior de la prisión. Cuando están tratando de colocarlo en el asiento trasero del automóvil Moskvich azul del director de la prisión, el cuerpo de Abrantes se contrae hacia adelante. Acaba de morirse. En ese instante ya está muerto. La escena a continuación está descrita por Fogel y Rosenthal en su *Fin de siglo en La Habana*: «Una hora después lo llevan de urgencia al hospital de Guanajay. Muere de un infarto a las 6:25 de la tarde.» ¡Una hora después lo llevan de urgencia al hospital!

¿Ustedes entienden lo que ha pasado? Dejen que se los explique. José Abrantes es asesinado en la cárcel. Pudieron emplearse diversos procedimientos. Pero la deliberada actitud de las autoridades del penal de no suministrarle ninguna clase de atención médica al ex ministro del Interior es suficientemente explicativa de su propósito. Taquicardia ventricular, fibrilación y muerte. Dejarlo morir por fibrilación[23], que es muerte y castigo a la vez, obtenida por unas rapidísimas e irregulares contracciones del corazón y, por supuesto, una atención médica tardía o ninguna.

Enero 21-22, 1991. Madrugada: Fidel Castro con su caravana de Mercedes blindados pasa dos veces, muy lentamente, frente a una funeraria barriotera llamada Zapata, a sólo siete cuadras de distancia de su oficina en el Palacio de la Revolución, y no hay coraje para apearse. Apenas dos centenares de personas han conocido la noticia. Todos son veteranos de batallas que creyeron hermosas y decisivas y que libraron al lado de estos dos hombres que ahora, por primera vez en dos años, vuelven a estar cerca de alguna manera, uno, el que yace en esa barata caja de cartón tabla de producción en serie con forro de terciopelo gris, el otro, el que se pasea furtivamente por la húmeda calle de la madrugada y al que estos veteranos comienzan, al fin, a aprender a ignorar, y le dejan pasar en silencio, y perderse en la noche.

Enero 22, 1991: *Granma* publica una escueta nota interior sobre supuesta muerte por infarto de José Abrantes en la cárcel de Guanajay.

Una esquina de la segunda página de *Granma*, tan breve como la del *The New York Times*. Al segundo día de la ofensiva terrestre de la guerra del Golfo la noticia pasa inadvertida.

---

[23] Como resultado de un almacenamiento mantenido de digitálicos que le fueron administrados por vía oral, como si fueran tranquilizantes, y la inyección de diurético el día antes, precipitaron la intoxicación por digitálico al deprimir los niveles de potasio y trajo como consecuencia taquicardia ventricular, con fibrilación y muerte. Esta es la fórmula empleada que se corrió entre los médicos del Ministerio del Interior que trabajaban en la clínica CIMEQ. Gente ducha en la materia. Nuestros anónimos y criollos Mengeles. Si lo envenenaron con arsénico (que no sólo trabaja en las muertes a largo plazo de las novelas) o con digitálicos o con suministros excesivos de potasio es un conocimiento exacto fuera de nuestro alcance por lo pronto. El arsenal del Estado para ocasionar la muerte es pródigo. Abrantes debía saberlo. Para algo fue ministro del Interior. Detrás de alguna puerta de las dependencias a él subordinadas antes estaba el laboratorio de la muerte. Los que compartían la prisión con Abrantes hicieron llegar toda la información al autor, así como la obtenida de médicos del Ministerio del Interior.

Marzo 4, 1991: Patricio hace una detallada descripción de las operaciones cumplidas por su hermano Tony en una carta dirigida al hijo de éste, Antonio de la Guardia Torroella, «Tonito», que desde luego es también su sobrino. Escrita hoy, 4 de marzo, logrará traspasar los gruesos muros de la más férrea y supuestamente inexpugnable de las instalaciones de máxima seguridad del país, Guanajay, y llegar a manos de Tonito, que posteriormente se las agenciará para sacarlas consigo de Cuba cuando las autoridades le expidan un «permiso de salida definitiva del país», que lo conduce, primero, a México, y después (07/94) a los Estados Unidos.

Circa verano 1991: Un cargamento de armas occidentales es descubierto de forma casual en el fondo de una de las más grandes represas del oeste de La Habana. Los testigos mencionan entre tres y cinco *containers*. Las armas están en perfecto estado de conservación. Tropas de las FAR acordonan la represa. La unidad militar más cercana es la famosa «Brigada de Estudio» soviética. Este es el nombre bajo el código militar que se usa para identificar la unidad de combate soviética que quedó en Cuba como remanente de la crisis de los cohetes de 1962. Pero su vinculación con este arsenal escondido bajo las excelentes condiciones de preservación de las medias aguas de una represa es descartada de inmediato. No aparece el dueño. Para todo el mundo queda claro que es obra de veteranos oficiales del Ministerio del Interior y que están conspirando. La presa está en el camino que lleva de la antigua sede de Tropas Especiales a los Petis. Yo estaba allí. ¿Armas occidentales? Sólo la gente del MININT. Tú ves una UZI y en quien tú piensas primero es en Antonio de la Guardia.

Junio 1991: La Habana anuncia al exterior la muerte por infarto de Jaime Guillot Lara. Como dice sobre Moscú la película soviética ganadora de un Óscar, La Habana no cree en lágrimas.

Junio 14, 1991: Llega el último barco con medios y personal de la retirada de Angola.

Julio 3, 1991: Se revela que José Brenes –el último de los *grandes espías* quemados por Cuba– es el agente «Orión». Operaciones estratégicas o secretas aparte, según los comentarios que corrían en La Habana, el personaje había dejado $18,000 en deudas, dinero sin pagar antes de reportar a sus autoridades en La Habana. En verdad, nunca se supo exactamente a qué clase de espionaje se dedicaba.[24]

JULIO-AGOSTO 1992: Familiares de Patricio de la Guardia en combinación con activistas de los grupos disidentes y comités de defensa de los derechos humanos (semiclandestinos en Cuba) logran publicar un extenso documento escrito por Patricio de la Guardia y fechado el 5/10/91. Sin duda, el texto más importante sobre la Causa #1 conocido hasta entonces, y el que mayor valor personal exigió para afrontar las consecuencias de su eventual publicación. Reproducido primero en *Le Monde* (07/92), *El Nuevo Herald* (07/31/92) y *The Miami Herald* y *El Diario de las Américas* (08/2/92); una virulenta y extensa carta de Patricio de la Guardia desde la prisión de La Condesa dirigida a dos personeros del régimen cubano.

Es un golpe inesperado y costoso para Fidel Castro. La autenticidad de la carta es corroborada por su hijo Héctor de la Guardia («Coco»), 29 años, que había llegado al exilio de Miami navegando en una tabla de surf. Acredita que la carta es auténtica, escrita, en efecto, por Patricio pero «sin propósitos de hacerla conocer públicamente y dirigida a los miembros del Buró Político, Roberto Robaina y Osmany Cienfuegos». Su único propósito es «establecer una serie de hechos relacionados con su caso, el de mi tío y el resto de sus compañeros» y que de «ninguna manera mi padre es responsable de la salida al exterior de dicho documento» (ver *Diario de las Américas* y *The Miami Herald*). Para conocer la reacción a la carta de Patricio del Gobierno norteamericano como infatigable cazador de narcotraficantes (cuando no es el

---

[24] Siendo el director de Radio Martí, Ernesto F. Betancourt (que es el editor de este libro), siguió el expediente del agente castrista, y nos explica: «José Brenes trató de infiltrarse en Radio Martí y lo rechacé cuando el Director de Programas recibió información de que estaba vinculado a la Inteligencia cubana. Eso fue en los días en que yo renuncié a la dirección de Radio Martí y, posteriormente, fue contratado por la compañía que producía los programas de TV Martí. De pronto apareció en La Habana haciendo revelaciones sobre TV Martí, identificándose como el agente "Orión". Así que eso es lo que hizo de espionaje este caballero. Puede que haya hecho otras cosas, pero las desconozco. No creo que haya sido uno de los "grandes espías". La Habana quiso convertirlo en eso para burlarse o tratar de burlarse de Miami; otro sainete fidelista.»

Comandante), ver: Andres Oppenheimer, «Gobierno de EU indiferente a denuncia de De la Guardia», *El Nuevo Herald*, 08/8/92.

CIRCA OCTUBRE 1994: Pese a que se encuentran a salvo entre unos pocos familiares y uno de los activistas del exilio cubano asociado a los grupos de derechos humanos que se mueven semiclandestinos en Cuba, a veces dispersas, a veces en conjunto, un *set* de cartas de Patricio de la Guardia desde las prisiones de Guanajay y La Condesa dirigidas a su hermano Mario, en Atlanta, EUA, y a su sobrino Antonio de la Guardia, primero en Cuba, y después asilado en Miami, no acaban de encontrar su destino final que es divulgarse. Un Patricio encarcelado que escribe cartas con denuedo para ser entregadas luego a sus salvadores en el mundo exterior no es siempre un ser afortunado. El escrito suele quedar olvidado en una gaveta de algún personaje de Miami, sepultado, adormecido, destinado probablemente a un eterno silencio junto con otros muchos documentos de esa especie.

MAYO 31, 1995: Detenido Robert Vesco en su casa de 2112 de la calle 204 del exclusivo reparto Atabey.

JUNIO 9, 1995: La Habana anuncia que Robert Vesco, efectivamente, se halla detenido en Cuba. Ilusionados fiscales y oficiales del FBI comienzan a intentar extraditarlo sin comprender la jugada de Fidel, que es hacérsele simpático a Bill Clinton y como *token* de gratitud por recientes acuerdos migratorios. Pero la prisión va a ser en Cuba.

OCTUBRE 28, 1995: Fidel guardó pan para mayo: tras 23 años de vivaqueo y clandestinaje por medio mundo y 17 días de estancia con identidad falsa en México, se produce la inexplicable captura de Enrique Gorriarán Merlo. La posible entrega de Gorriarán por Fidel la comenté en esa oportunidad en una declaración citada en «Did Castro turn over a terrorist?» por Andrés Oppenheimer en *The Miami Herald*, noviembre 6, 1995.

OCTUBRE 29, 1995: Enrique Gorriarán Merlo está negando hasta las 2:30 de la madrugada que ésta sea su identidad. Entonces uno de los agentes mexicanos le dice: «Usted es Enrique Gorriarán Merlo.» 05:00 horas:

Gorriarán Merlo es notificado por funcionarios de Gobernación de su expulsión de México y traslado a Buenos Aires. Todo se procesa sin trámites de extradición. El hombre es montado en un avión Cessna Citation, matrícula LVA-WHY, y custodiado por seis agentes argentinos de la Secretaría de Inteligencia del Estado (SIDE) y dos agentes mexicanos probablemente de la Procuraduría General de la República.

AGOSTO 27, 1996: Casi un año y un mes después de su detención y de todas las vacilaciones y manipulaciones de Fidel con respecto a su persona, Vesco es finalmente sentenciado a 13 años de prisión, y al igual que con los mellizos De la Guardia y Ochoa se le permite a la prensa extranjera una visión controlada de su antigua casa y algunas entrevistas –más controladas aún– con ciertos familiares o amigos. No se descarta desde luego una conversación de los dos tipos para un *cover-up* y que se hayan puesto de acuerdo en instalarlo en una granja alejada y tranquila fuera del acceso de todos los marshalls de EUA, un buen lugar donde pasar la vejez. En definitiva, estaba preso desde que decidió irse a vivir a Cuba.

Pese a las enormes diferencias e incluso violentas confrontaciones de Tony con Vesco, comienza a rodar y distribuirse la especie entre los corresponsales acreditados o de paso por La Habana de que Vesco y Tony estaban estrechamente asociados y que fue Tony el que, *inconsultamente*, introdujo a Vesco en importantes esferas del Gobierno cubano.

MAYO 16, 1997: Un suelto de *Granma*: «Cuba aprobará este año un proyecto de ley para endurecer las sanciones contra el tráfico y la tenencia de drogas, anunció... el ministro cubano de Justicia, Roberto Díaz Sotolongo. Las sanciones previstas por la ley cubrirán todo el abanico penal posible con excepción de la pena de muerte, precisó...» Ocho años después de fusilar a dos de sus mejores hombres por el delito de narcotráfico para el cual la legislación cubana no contemplaba la pena de muerte, Fidel envía este mensaje implícito a través de su ministro de Justicia de turno: «Mi voluntad fue fusilarlos porque ahora, al disponer de nuevas leyes para castigar ese delito, tampoco incluyo la pena de muerte en la legislación y lo hago explícitamente. No hay pena capital para quien yo no decida». Es decir, desde el otro punto de vista: Aquí yo fusilo a quien me place. Qué incontenible este Fidel, voluntarioso y testarudo, enviando su mensaje de desafío a la humanidad.

FEBRERO 21, 1998: El general de Infantería de Marina Charles Wilhelm, supremo comandante militar estadounidense para asuntos latinoamericanos y del Caribe, trasladado recientemente de Panamá a su nueva base en Miami, dice que «...no tiene evidencia de que el gobierno de Fidel Castro tolere el paso de narcotráfico por la isla», según publica *El Nuevo Herald*.

«Eso no quiere decir que no exista el problema de que Cuba se esté usando como punto de sobrevuelo por aviones que transportan drogas. Cuba no tiene la capacidad de vigilar o proteger su espacio aéreo.

«Pero no se me ha informado nada que pudiera indicar que el Gobierno cubano es cómplice ni que respalde el narcotráfico.»

A la pregunta de si el general cubano *Armando* (sic) Ochoa y otros tres altos oficiales ejecutados por acusaciones de narcotráfico en 1989 podrían haber estado traficando con drogas sin el conocimiento de Castro, Wilhelm dijo: «No tengo idea. De hecho, Castro tomó una acción decisiva cuando enfrentó el problema».

Es evidente, y preocupante, que la inteligencia disponible a los militares estadounidenses, o su capacidad para interpretarla, no ha mejorado mucho desde el desastre de Bahía de Cochinos.

TU VIDA ES UN PAPEL, BROTHER

La balada favorita. «*Hang down your head, Tom Dooley. Hang down your head and cry. Hang down your head, Tom Dooley. Poor boy, you're bound to die.*» Es un poco más de la 1:20 AM del 13 de julio de 1989. Un hombre de 51 años, de mediana estatura, hijo de Mario de la Guardia y de Graciela Font, padre de cuatro muchachos y vecino de la calle 17 número 20606, es conducido al poste donde debe recibir –en el pecho– la descarga de seis proyectiles 7.62 full metal jacket proveniente de seis fusiles de asalto AK-47, y un disparo –en el cráneo– de pistola Makarov calibre 9 mm. Antonio de la Guardia Font. El Siciliano. El Legendario. Tony. Una de las más formidables leyendas de la Revolución Cubana. Pero Fidel Castro decide que tenga la sepultura de un desempleado. Fidel Castro también morirá algún día.

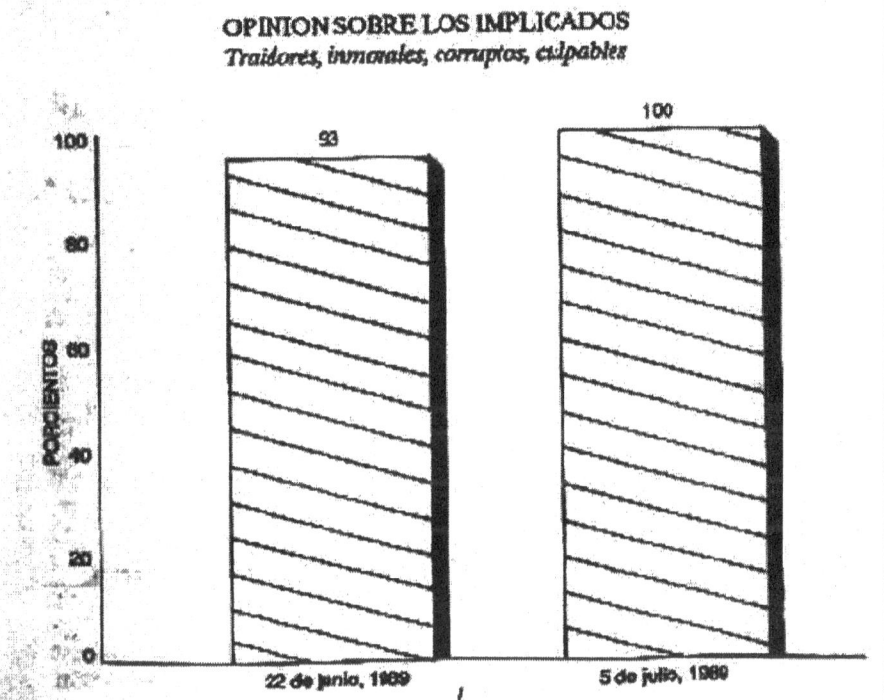

Estos son los esquemas gráficos mandados a publicar por Fidel en la prensa cubana al final de la llamada Causa #1 con el interés de deformar el estado de opinión desfavorable –respecto al proceso– dentro del país y brindar en el extranjero una versión de apoyo a la forma en que su gobierno se había conducido. Cada uno de estos gráficos intenta ocultar, precisamente, la verdad de los hechos a los que se refiere. Además del basto, feo diseño, prueban que la manipulación del público y la soberbia de ciertos gobernantes tiene también un sesgo ridículo. En el calificativo de los acusados no cabe un adjetivo más: TRAIDORES, INMORALES, CORRUPTOS, CULPABLES. Obsérvese como la retórica adquiere de improviso y mediante la sola separación de una coma, el carácter definitivo de un veredicto jurídico inapelable: cuando la carga de adjetivos pasa de «corruptos» a «culpables».

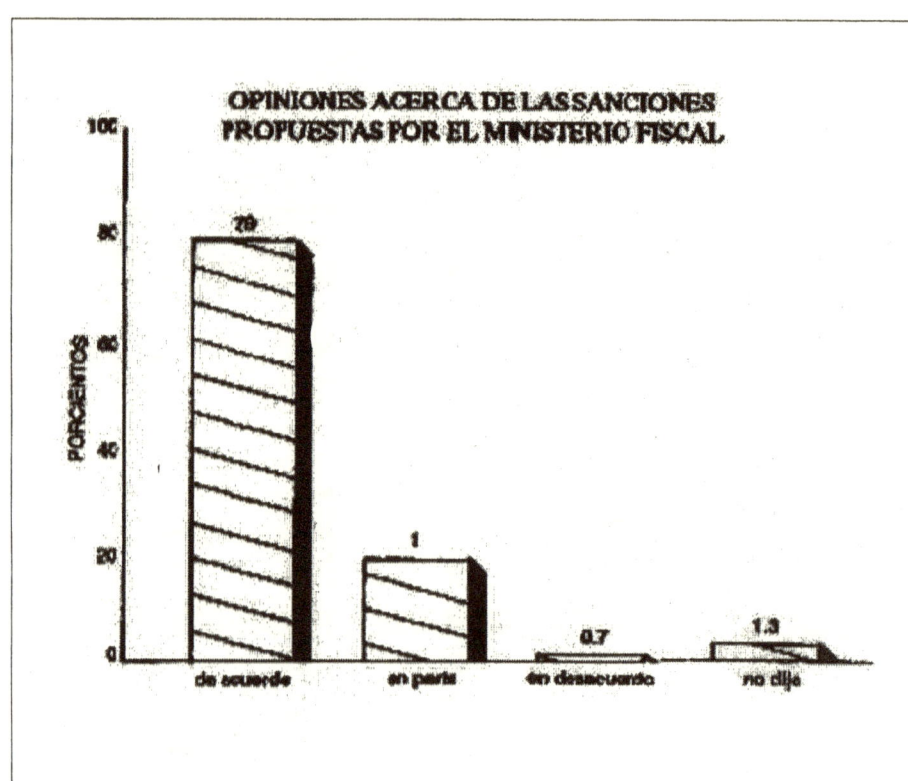

EPÍLOGO:
CUANDO TUS MUERTOS CUMPLAN 10 AÑOS

Si algo aún resulta atractivo de parte de Fidel y que lo saca de sus discursos y métodos habituales y del movimiento clásico de sus manos, y de sus largos dedos, con el índice siempre apuntándote, y que se sale de esa criatura que es esencialmente aburrida y machacona, porque machaca con el mismo discurso y los mismos métodos, es ver su comunicación de viejo asesino con sus muertos. Decimos esto desde el punto dostoivescano. Del interés que podría despertar la conducta criminal de Fidel Castro para un estudioso de la naturaleza humana como el viejo Fedor. Fidel, en comunicación con sus muertos, se traslada automáticamente a la escena magistral del *Burr* de Gore Vidal cuando Aaron Burr va a la tumba de Hamilton y establece su diálogo. Desde luego, no estoy diciendo que Burr sea un asesino. En definitiva mató a Hamilton en un duelo y bien pudo ocurrir al revés. Si Burr no hubiese disparado con mayor agilidad y puntería, Hamilton hubiese sido acaso el que visitara la tumba de Burr. Pero fue Burr el que le descargó la pistola en el pecho a Hamilton.

También en ese sentido, que es físico, de apretar el gatillo, Fidel le lleva una enorme ventaja a los dos políticos y es que ha sabido arreglárselas para que sean los fusiles del enemigo los que cobren la vida que él necesita que se cobre. La frontera entre la gente enviada a cumplir una misión revolucionaria y el hombre mandado a matar es finísima en el caso de Fidel Castro. Cuando uno tiene la experiencia y la información y el conocimiento cabal del desprecio que, por ejemplo, sentía por el Che Guevara y cómo manejó todo el acontecimiento de la guerrilla boliviana, uno no deja de admirarse cuando lo ve, 30 años después, al arribo a La Habana de los restos traídos de Bolivia, acodado en la cajita de los huesos del argentino y viendo cómo lo entierra como uno de sus héroes. Por ello, en uno de los pocos casos públicos en que ha tenido que matar a hombres suyos, fieles hombres suyos, si no por su mano al menos por uno de sus pelotones, de la tropa propia, no del enemigo, uno debe saber verlo. Fue el episodio de Ochoa y Tony pero sobre todo fue el episodio de Abrantes. Diez años después aún es una sombra y aparece. Así lo sorprendemos cuando sale a flote Pepe Abrantes y habla de él y lo menciona en la televisión el 1 de noviembre de 1998 como si aún estuviera vivo y cuidándole las espaldas: «... el compañero Abrantes...»

Fueron unos días en que todo aquel proceso del verano de 1989 estaba saliendo a flote; claro, en lo tocante a la droga, nada que avivara el fantasma de MC, nada romántico, sino pura manipulación fidelista. Evasión de planteamientos suyos (algunos públicos, otros en la mayor «secretividad») en décadas anteriores, de que Estados Unidos era el basurero de la Historia, y que por tal razón toda la droga que se le suministrara a su juventud se ajustaba a los patrones de un basurero social, además de que estaba merecida puesto que ellos habían sido los inventores del negocio.

El 26 de julio de 1999 estaba retomando los mismos argumentos que manoseara en la reunión del Consejo de Estado del 9 de julio de 1989, que decidió la suerte final de Ochoa y sus otros compañeros, finalmente fusilados cuatro días más tarde, aunque esta vez no para redimirse y soltarse de unos cargos criminales que sólo a él le correspondían pero de los que logró desligarse con la ayuda de los fieles compañeros, sino para tratar de marear a los americanos y obtener algún equipamiento nuevo para su mermada marina y, sobre todo, disponer –junto con la amenaza permanente del flujo masivo de balseros–, de por lo menos otro *item* de discusión y mucho menos engorroso. Y no porque vaya a ir muy lejos con tales items, pero ayudan a seguir ganando tiempo. Aunque siempre manteniendo el mismo indudable beneficio de sus primeras andanzas dialécticas en estos parajes: Un tratado de colaboración respecto a las drogas lo situaría de inmediato en posesión de un enorme caudal de información para saber con exactitud por dónde tomar, además de que sería gratis, y sin siquiera cuantificar el valor de esa información puesta en venta para los varones de la droga.

En 1989 no había posibilidad de detener el golpe a no ser mediante la acción que los cubanos llaman «subir la parada» –algo así como la audacia de aumentar la apuesta ante una jugada incierta con objeto de confundir al adversario– ganando distancia, y fue ahí donde, de paso que le decía hijo de puta a Ronald Reagan, que era de quien se había servido del argumento de los oficiales renegados de su gobierno para echarles sus culpas, enarbolaba en primera instancia su tesis de colaboración, diciéndole a los americanos, hay narcotráfico porque ustedes no quieren aceptar mis servicios y me eluden. Es decir, su discurso esencial entre los hombres suyos y la filosofía que le ha llevado no sólo a hacer narcotráfico sino a preparar todo tipo de actividad terrorista y algunas bélicas contra los Estados Unidos se fundamentan en que para él EUA es el basurero de la Historia y en que por qué si ellos hacen narcotráfico no lo voy a hacer yo, si es además la única forma posible de hacer política en América Latina. Continuará trabajando en los dos frentes, lo cual no deja de ser el acabado de una obra maestra en materia de relaciones políticas internacionales.

No obstante, y cualesquiera que sean sus designios, su actitud es la del hombre que no tiene preocupaciones ni motivos para tenerlas. Ni un sólo obstáculo se vislumbra en su futuro de anciano aún enérgico y despierto. Por el tiempo que dure ese futuro, sabe que dispondrá aún de lentas y suaves tardes para degustar un sorbo de cognac o la lectura de alguna novedad literaria de las que le provee García Márquez.

Por otra parte, disfruta de saberse protegido de la manera más efectiva que se pueda haber inventado. Porque sabe que –por todo el tiempo que sea necesario– cuenta con todo lo que pueden ofrecer ahora el «Negro» Arnaldo, Pepe Abrantes y Tony «el Jimagüita», los leales compañeros suyos de la tropa vieja. ¿O, dónde se puede encontrar más lealtad que en el silencio de los sepulcros?

COMO MENSAJES DE UN NÁUFRAGO

Un Patricio encarcelado que escribe cartas con denuedo para ser entregadas luego a sus salvadores en el mundo exterior no es siempre un ser afortunado. El escrito suele quedar olvidado en una gaveta de algún personaje de Miami, sepultado, adormecido, destinado probablemente a un eterno silencio junto con otros muchos documentos de esa especie. Una de sus cartas, de la primavera de 1991, nos recuerda la forma en que Fidel ya estaba implicado en el narcotráfico en 1979 mientras su hermano Tony estaba luchando en Nicaragua junto a Eden Pastora. Pero da igual. Si encuentran la carta una década después y tienen la curiosidad de leerla, sepan que Patricio sigue preso mientras que el delincuente de Fidel Castro sigue gobernando a sus anchas desde el centro del Caribe.

Querida María:

Te escribo esta carta con el objetivo de que por lo menos tu conozcas la verdad, los antecedentes y causas que nos llevan a ser condenados en la tristemente famosa causa N° 1/89.

Por las pocas vías posibles que tengo a mi alcance debido a la incomunicación tan férrea que nos han impuesto te estoy reclamando una revisión de la causa por la que fui condenado y hasta el día de hoy no he recibido respuesta alguna ni espero recibirla en el futuro.

De todo esto que te voy a escribir no hay nada que se pueda considerar como un secreto de estado y ni siquiera como algo confidencial, pues el mismo régimen se encargó de que se conociera en el mundo entero, pero de forma muy tergiversada.

Te empezaré contando lo poco que conozco sobre el tráfico de droga delito por el que fueran fusilado Tony y Arnaldo así como Amadito.

Conocí de las relaciones con los narcotraficantes por parte de autoridades cubanas, allá por el año 1979 cuando yo cursaba la escuela superior de guerra Maximos Gómez y Tony estaba combatiendo en el frente sur de Nicaragua junto a Edén Pastora. Conocí por vías de Mael Macaulio y José Luis Padrón ya que este último me invitó a Varadero y allí me llevo a ver un yate que acababa de llegar a Punta Hicacos y que iba a ser compartido por los narcotraficantes que estaban por la seguridad de Matanzas, después de esta operación se realizaran otras dos de la misma característica cosa que conocí por boca de Mael Macaulio. Estas operaciones estuvieron autorizadas por Fidel según Padrón me planteara en esa

ocación
~~fecha~~. Después de esas operaciones con los narcotraficantes, conocí por boca del entonces Mayor Urra de dos operaciones que él realizó por Bco de Cádiz autorizado por Abrantes y el entonces Ministro del Interior Ramiro Valdez Menendez. Después de estas operaciones no volví a oir hablar de narcotráfico hasta que llegó a Cuba Robert Vesco y fue alrededor de los años 1983-84 que por orden de Ramiro Valdez y José Luis Padrón se empieza hacer un estudio operacional para utilizar Cayo Largo del Sur como punto para lavado de dinero producto del narcotráfico, en este estudio participó la corporación CIMEX la cual pertenecía en esa época al Ministerio del Interior, era dirigida por Padrón y este había solicitado que Tony fuera trasladado para esa corporación, para que se ocupara de dirigir las operaciones incubiertas que se realizaban a la fecha. La primera tarea que le dieron fue con el trabajar Altos oficiales que eran subordinados de él y que eran trasladados de la Dirección de Operaciones Especial para CIMEX. Como veras nuestro hermano no era el corrupto narcotraficante que Fidel trató de dar a entender. Nuestro hermano fué un revolucionario que cumplió ordenes como tu sabes en este país nadie se gobierna sí mismo, ni se traslada de una dirección del Min Int para otra cuando quiere. De todo esto te podrían estar escribiendo un mes completo, pero pienso que no es necesario. Yo que haga una pregunta del por que no fueron procesados Urra, José Luis Padrón Abrantes, Ramiro Valdez etc etc etc... El por nuestro estuvo preso unos 40 dias, salta a relucir en el fraudulento libro que publicó el siquiera est-

Una cronología comparativa

Un resumen de los principales eventos relativos a la llamada Causa #1 de 1989» y sus antecedentes militares, de inteligencia y de drogas, comparando hechos conocidos, aunque en muchas ocasiones su conocimiento fuera diferido deliberadamente por Fidel, con algunas explicaciones nunca reveladas, las que aparecen en la columna de la derecha. La secuencia en el tiempo permite establecer interesantes relaciones causa efecto.

La data en cursiva es el material que apareció, en muchos casos –como se ha descrito– «a regañadientes», tiempo después de la consumación de los hechos. Es información ventilada en las sesiones de las llamadas Causa #1 y Causa #2 y que se hicieron de conocimiento público a través de una programación especial de las dos únicas emisoras de televisión de Cuba, servidas con unos video tapes gubernamentales editados escrupulosamente y hasta la saciedad y expurgados de cualquier dato comprometedor para Fidel o Raúl Castro; o que luego se conocieron en transcripciones publicadas por la prensa plana en versiones aún editadas con mayor severidad que los tapes.

El autor ha empleado para esta cronología esa información diferida procedente del periódico Granma, órgano oficial del Comité Central del Partido Comunista de Cuba, o grabaciones caseras de los programas trasmitidos por la televisión gubernamental. Una salvedad que puede resultar interesante, e informativa a su vez. Información sobre la información. El hecho de que un documento sea público no exime en Cuba de la acción de las instituciones represivas ni de la justicia, según Castro, y ni siquiera de que esta información sea publicada por los propios medios estatales, y sobre todo cuando existe el interés de acumular «pruebas» en el expediente de alguien.

EVENTOS ACEPTADOS – FUE NOTICIA	INFORMACIÓN CLASIFICADA O NUNCA ANTES ESCRITA
1973: Acusado por una estafa de 224 millones de dólares en la Investment Overseas Services, Robert Vesco huye de EUA después del envío ilegal de 200,000 dólares para la campaña de reelección de Richard Nixon. Primero, las Bahamas. Luego, Costa Rica (74-78). Entonces, regresó a Bahamas y después pasó a Nicaragua y, desde allí (79), al menos contactando con cubanos y desde el 82 aterrizando en Cuba con cada vez mayor frecuencia.	
	CIRCA AGOSTO 1979: coronel José Luis Padrón contacta a Vesco en Nicaragua.
1980: Vesco pone a Carlos Lehder, su vecino de Bahamas, en contacto con los cubanos.	CIRCA 1980/81: El ministro del Interior, Ramiro Valdés, ordena al chileno cubano Max Marambio, junto al mayor Urra trasbordar marihuana en el cayo Bahía de Cádiz con autorización de Fidel.
	Segundo trasbordo en Bahía de Cádiz.

OCTUBRE 12, 1982: Vesco en Cuba por primera vez.

NOVIEMBRE 15, 1982: El fiscal Stanley Marcus, encargado del caso Guillot Lara, encausa en su ausencia a cuatro funcionarios cubanos de alto nivel: René Rodríguez, Aldo Santamaría, Fernando Ravelo y Gonzalo Bassol.

1983: Carlos Lehder viaja a Cuba.

ABRIL 28, 1983: Jaime Bateman, del M-19 colombiano, muere en accidente de aviación meses después de que Fidel rechazara su propuesta directa de cambiar droga por armas, usando valijas de la embajada cubana.

MAYO 6, 1983: Reagan declara tener sólidas evidencias de conexión cubana con el narcotráfico.

MAYO 20, 1983: Reagan vuelve al tema de las drogas y pregunta si es política oficial o meramente la acción de oficiales renegados. Sin saberlo, le ofrece a Castro la excusa para el caso Ochoa.

El ministro Valdés rechaza participar en tercer trasbordo si la orden de Fidel no es por escrito.

CIRCA 1982: Vesco sale ileso de un combate entre sus guardaespaldas y un comando que intenta secuestrarlo en Bahamas.

El ministro Valdés y JL Padrón ordenan a Tony de la Guardia un estudio operacional en Cayo Largo del Sur para lavar dinero.

Tony hace contacto con Pablo Escobar por órdenes expresas de Fidel. Hombres de Escobar entran en Cuba y se sientan en la mesa de negociaciones.

CIRCA OTOÑO 1983: Fidel, con Abrantes, JL Padrón y Tony, quiere factibilidad de las drogas sin 1) «las pendejerías de Ramiro», 2) «las chapucerías de [el jefe de su Marina de Guerra] Aldo [Santamaría] y la gente de [su hermano] Raúl» (que están encausados por los americanos) y 3) los niveles de comprometimiento «a que quieren someternos estos colombianos [del M-19]».

1983-1985: Vesco y Tony proyectan paraíso fiscal –para lavar dinero desde luego– en Cayo Largo del Sur.

AGOSTO 11, 1985: Fidel acepta públicamente la presencia de Robert Vesco en Cuba.

Circa verano 1985: Tony de la Guardia se subordina a la Dirección General de Inteligencia y su oficina se codifica como MC.

–Lehder propone al Gobierno pagar 28 millones de dólares mensuales por el derecho de sobrevuelo. Fidel no se decide.

1986: *Ochoa al frente de la misión militar cubana en Nicaragua. Primera salida suya que de inmediato va a estar en relación con drogas.*

–Jorge Martínez, ayudante de Ochoa, contactado en Panamá por Frank Morfa para lavar dinero. Ochoa accede.

OCTUBRE/NOVIEMBRE 1986: *Martínez contacta a Fabel Pareja, asociado de Pablo Escobar.*

ENERO 1987: *Primera operación de drogas de MC. Marihuana por $100,000. Matan a un tal Paquito. En todos los casos siguientes se trata de trasbordos en territorio cubano o sus aguas territoriales o protección para que los aviones narcos procedentes de Colombia efectúen sus «bombardeos» en aguas próximas a Cuba, donde pueden encontrar refugio expedito y seguro.*

–*Segunda operación. 300 ó 400 kilogramos de coca por $300,000.*

MARZO 1987: *Fabel Pareja falsifica pasaporte colombiano para Martínez.*

ABRIL 1987: *Fidel Castro dice que esta es la primera operación exitosa de narcotráfico de Tony. 400 kilogramos de coca por $300,000, de los cuales cobran la mitad porque los lancheros fueron capturados en EUA.*

MAYO 1987: *Nuevo viaje de drogas hacia la Florida vía Varadero. 400 kilos por $320,000. No se aclara origen de la droga.*

MAYO 1, 1987: *500 kilogramos de coca por $320,000.*

MAYO 28, 1987: Deserción del general de aviación Rafael del Pino.

Abrantes recibe orden de Fidel de vigilar a los soviéticos que están en Cuba para saber con quienes se reúnen y qué tratan.

OCTUBRE/DICIEMBRE 1987: *Dos operaciones de 500 kilogramos cada una, acordados $250,000 por la primera, y $500,000 por la segunda; pero por esta sólo aterriza avión y un yate recoge, pagan sólo $130,000 porque «no coronó».*

OCTUBRE/NOVIEMBRE 1987: *Entrega de pasaporte colombiano falso a Martínez.*

—Ochoa conoce que Tony de la Guardia, del MININT, tiene contactos con Pablo Escobar.

NOVIEMBRE 4, 1987: Fidel viaja a la URSS por 70 Aniversario de la Revolución de Octubre.

NOVIEMBRE, 7/15, 1987: Según Fidel se agrava la situación en Angola.

Gorbachev presionando para terminar la contienda en Angola. Fracasa ofensiva de Konstantinov. Sospecha creciente de que ha sido vendida por el mismo Fidel para recuperar el mando de las operaciones.

NOVIEMBRE 8, 1987: Ochoa enviado con urgencia para Angola. Fidel regresa a La Habana.

NOVIEMBRE 15, 1987: La Habana toma la decisión de reforzar sus tropas en Angola.

PRINCIPIOS 1988: Operación 400 kilogramos de coca por $400,000.

FEBRERO 1988: Raúl Castro involucrado en el narcotráfico según lo que Fidel denomina «una campaña de prensa internacional».

MARZO 1988: Martínez a Panamá desde Angola.

ABRIL 1988: *Ochoa envía a Martínez a Cuba para reunirse con Tony y hombres de Escobar. Los colombianos Fernando, Rubén y Motis reunidos con los cubanos Amadito Padrón, Leonel Estévez y Eduardo Díaz Izquierdo (de MC) y Martínez acuerdan montar fábrica de coca en An-*

gola, dirigida por Ochoa, y la comercialización en EUA y Europa a cargo de Tony.

Padrón y Pineda (por MC) y Martínez se reúnen con «El Negro» y un tal Neto, mexicanos, más dos americanos no identificados para lavado de dinero.

ABRIL 1988: *Ochoa ordena a Martínez hablar con grupo de Escobar para acelerar cualquier negocio.*

ABRIL 28, 1988: *Martínez en Colombia.*

MAYO 1988: *Martínez en Medellín con Pablo Escobar. Acuerdan $1,200 por kilogramo de coca.*

Operación del «Jennifer» acordada con Escobar. 2,000 kilogramos de coca. No llega a efectuarse operación.

junio 1988: *Abastecimiento de petróleo a carguero de marihuana. Pagados $30,000 y matan a «El Jamaicano».*

Más de un año después, al referirse a este encuentro de Martínez con Pablo Escobar en Medellín, Fidel hace comentarios que están a punto de revelar que tiene contactos paralelos y muy confiables con el varón de la droga.

1988. Abrantes orienta a Tony comercializar, en 50 millones de dólares, unos 10,000 kilogramos de cocaína resultado de las ocupaciones y el recalo que se encuentra en la clínica CIMEQ. La «orientación» es de Fidel.

Abrantes orientando desde las sombras a Tony para que haga fracasar las operaciones de Ochoa.

Raúl Castro comienza con su *lead motiv* de tener que fusilar a Ochoa porque «sigue haciendo lo que le viene en ganas en Angola». Aún no sabe que Ochoa, rastreando información para sus propios enredos en el narcotráfico, se ha convertido en su fiscal.

Luz verde de Fidel para fabricación ilegal de Marlboro en Cuba.

Raúl Castro ordena que Tony busque un par de Lear jets más «como los de Carlos Lehder».

JUL 28, 88. Dos golpes de los Mig 23 de la aviación de combate cubana sobre las agrupaciones sudafricanas en Ruacaná y Calueque, dan virtualmente por terminada la guerra en Angola.

SEPTIEMBRE 1988: *Martínez organiza operación por aire. Ochoa aprueba por teléfono desde Angola, pero operación fracasa.*

NOVIEMBRE 1988: *Operación de MC de 150 kilogramos por $150,000.*

FINALES 1988: *Operación de MC de cierre del año: 150 kilogramos por $250,000.*

Navarro Wolf, del M-19, informa al jefe de la DGOE, general Alejandro Ronda, sobre oficiales cubanos involucrados en negocios de narcotráfico.

ENERO 9, 1989: Sustitución de Ochoa como jefe de la Misión Militar Cubana en Angola. Leopoldo Cintra Frías «Polo» reemplaza.

ENE 18, 89. Fidel y Raúl Castro están a punto de irse a las manos *en público* mientras celebran el cumpleaños del embajador soviético Yuri Petrov. Fidel había movido de posición a algunos oficiales del Ejército Occidental sin consultarle a Raúl. Después pasaron al tema de las reformas económicas.

ENE 23, 89. Fidel se entera por la prensa del ataque de Gorriarán al cuartel de La Tablada, en Argentina.

ENERO 27, 1989: Tormenta política en Argentina por el asalto al cuartel de La Tablada.

FEBRERO 1989: *Martínez viaja a Panamá. Dirigido por Ochoa a establecer contactos independientes con Escobar.*

Primera operación del año de MC. 500 kilogramos de coca por $500,000.

FEBRERO 25, 1989: *Abrantes es supuestamente el recipiente del informe de un colombiano no identificado sobre cubanos metidos en el narcotráfico.*

MARZO 1989: *La segunda de MC de este año, 400 kilogramos de coca por $500,000.*

La tercera operación de MC: 600 kilogramos por $600,000.

MARZO 15, 1989: *Comienza el chequeo sobre grupo de MC.*

MARZO 16, 1989: *Operaciones de la Radio Contrainteligencia (RCI) sobre el grupo de MC.*

MARZO 27, 1989: *Los oficiales de MC informan a los men que frenen las operaciones hasta el 5 de abril.*

FINES ENE 89. Un tal Ramiro Lucio, del M-19, ofrece unos $800,000, cada vez, por vales falsos de compra de pintura para adquirir el éter que necesitan para la coca.

Se repite el informe del colombiano Navarro Wolf que algunas fuentes sitúan en diciembre del 88.

De esta tercera operación es que se emplean $20,000 para adquirir uniformes de camuflaje del general Gondín, hecho que escapa a la censura del gobierno.

ABRIL 1989: *Cuarta operación de MC de este año: 600 klgs. de coca por $600,000. No se había pagado en el momento que comenzó la Causa #1.*

Quinta operación. 500 klgs por $600,000.

Sexta. Cantidad de droga no especificada. A cobrar $250,000. No se había pagado cuando se cerraron las operaciones. El barco MY, comprometido en la operación, estaba roto y fue trasladado a Barlovento, donde aún se encontraba en el transcurso de la Causa #1 de 1989.

ABRIL 2-5, 1989: Mihail Gorbachev a La Habana.

ABRIL 22, 1989: *La séptima. 500 kilogramos. Pago acordado por $500,000. Pagados $150,000, el resto pendiente en el momento de la Causa #1.*

ABRIL 23, 1989: *Octava y última operación de droga del Departamento MC. 400 kilogramos de coca. Dinero acordado, $200,000. Un pago de $130,000 entregado en Cayo Romero en una nevera.*

Contacto radial descubierto por la RCI entre Matanzas y la Florida (EUA). Se está produciendo la última operación.

JUL 1, 89. Fidel recibe una carta de Manuel Antonio Noriega –seis meses antes de que las tropas americanas lo arresten– en la que las advierte a: «Detrás de todo eso de la droga están los americanos. Pero el objetivo eres tú.»

LECTURAS, RECURSOS

BIBLIOGRAFÍA ESPECÍFICA SOBRE ESTE PROCESO DENOMINADO CAUSA 1/89:

Benemelis, Juan y Melvin Mañón, *Juicio a Fidel*, República Dominicana, [¿Editora Taller?], mayo 1990.

Causa 1/89. Fin de la conexión cubana, La Habana, Editorial José Martí. Publicaciones en Lenguas Extranjeras, [agosto, 1989].

Ferrer Castro, Armando, *Conexión en Cuba. La historia de la poderosa red de funcionarios cubanos con el narcotráfico internacional*, México, Planeta, 1990.

Fuentes, Norberto, *Dulces guerreros cubanos*, Barcelona, Seix-Barral, 1999.

De la Guardia, Patricio, Carta desde la prisión, del 5/10/91. Reproducida primero en *Le Monde* (París) 07/92, *El Nuevo Herald* (Miami) 07/31/92, *The Miami Herald* y *El Diario de las Américas* (Miami) 08/2/92; para la reacción absolutamente nula del Gobierno norteamericano: Andrés Oppenheimer, «*Gobierno de EU indiferente a denuncia de De la Guardia», *El Nuevo Herald*, 08/8/92.

Masetti, Jorge, *La loi des corsaires. Itinéraire d un enfant de la Révolution cubaine*, traducido del español por Sam Liberman, prefacio de Gilles Perrault, París, Editions Stock, 1990.

LA CAUSA VISTA COMO REPETICIÓN DEL ESQUEMA DE LOS JUICIOS DE MOSCÚ.

Jiménez Leal, Orlando, *8-A. La realidad invisible*. Un film de Orlando Jiménez-Leal. Radio Televisione Italiana, 1992. Existe una versión del guión en forma de libro –con igual título *8-A. La realidad invisible* (Ediciones Universal, Miami, 1997)–, que se adquiere con un video cinta del filme.

PENÚLTIMO INVIERNO DEL LEÓN

Fogel, Jean-Francois y Bertrand Rosenthal, *Fin de siglo en La Habana. Los secretos del derrumbe de Fidel*, Bogotá, Tercer Mundo Editores, agosto 1994; traducción del francés de *Fin de siécle á La Havane*, París, Éditions Du Seuil, 1993.
Oppenheimer, Andres, *Castro's Final Hour. The Secret Story Behind the Coming Downfall of Comunist Cuba*, Nueva York, Simon & Schuster, 1992.

APOLOGISTAS, EL MAREO

Miná, Gianni, *Fidel. Presente e futuro di una ideologia in crisi analizzati da un leader storico Prefacio de Jorge Amado*, Milán, Sperling & Kupfer Editori, 1991. Hay traducción al español: *Fidel. Presente y futuro de una ideología en crisis analizada por un lider histórico*, México, Edivisión, julio 1991.
Orozco, Román, *Cuba Roja. Cómo viven los cubanos con Fidel Castro*, [¿)Madrid?], Javier Vergara Editor, noviembre 1993.

MATERIAL INÉDITO, RAREZAS

Cabrera, Juan Carlos, *Misión Cumplida. La verdadera historia del Departamento MC de la Inteligencia Cubana.* Unpublished work © 1992, Juan Carlos Cabrera.

Torres Hernández, Lic. [sic.] Lázaro, *El paraíso invisible. Hitos históricos de una revolución en bancarrota.* No tiene ninguna identificación editorial y circuló escasamente entre pocos de los usuales lectores de Miami.

Documentos localizados en los Estados Unidos

Cuba Situation Report. Covering Cuba Related Events For the Period: May-August 1989. Prepared by: Office of Research For The Staff of the Radio Marti Program. February 1990. For staff briefing only.

Departament of the Treasury United States Customs Service, Report of Investigations. Report No. 3. Report Date: 01/09/89. (Sobre las operaciones de narcotráfico desde Cuba hacia los Estados Unidos. Fotocopia.)

P. Valdes, Nelson, *The Ochoa La Guardia Affaire. A Chronology of Events and Documents.* Carece de identificación editorial, lugar de origen, colofón y numeración de páginas. No es propiamente una cronología pero resulta útil como una recopilación exhaustiva de recortes de prensa y de los monitoreos del FBI sobre los programas cubanos de trasmisiones diferidas de las sesiones del juicio, tribunal de honor, etc. Supuestamente fue preparado para uso interno de Radio Martí y sólo se imprimieron unas pocas copias.

United States District Court/Southern District of Florida/Miami Division: Transcript of Proceedings Before the Honorable Thomas E. Scott. (Sesión del proceso contra Reinaldo Ruiz y Rubén J. Ruiz. Fotocopia.)

POR APROXIMACIÓN AL TEMA

Acosta, José, *La Revolución Cubana por dentro: Política, Economía y Sociedad* (inédito).
Alarcón Ramírez, Dariel (Benigno), *Memorias de un soldado cubano*, Barcelona, Tusquets editores, marzo 1997.
Posada Carriles, Luis, *Los caminos del guerrero*. Carece de identificación editorial y país; únicos créditos: Luis Posada Carriles. Primera edición: agosto de 1994.
Salinas, Juan y Julio Villalonga, *Gorriarán. La Tablada y las Guerras de Inteligencia en América Latina (desde la derrota del ERP hasta hoy)*, Buenos Aires, Mangin, 1993.

CUBA, NARCOTRÁFICO

Alfonso, Pablo, *Los fieles de Castro*, Miami, Ediciones Cambio, 1989.
Lee Anderson, Jon, *Che Guevara*, Nueva York, Grove Press, 1997.
Aroca, Santiago, *Fidel Castro, El final del camino*, Barcelona, Planeta, 1992.
Baez, Luis, *Secreto de generales*. Prólogo de Raúl Castro. La Habana, Editorial Si.Mar, S.A., 1996.
Baloyra, Enrique A., «*Twelve Monkeys: Cuban National Defense and the Military», en *CSA Occasional Paper Series*, Vol 1, No. 4, November 15, 1996 (University of Miami).
Benemelis, Juan E., *Castro, subversión y terrorismo en África*, Madrid, Editorial San Martín.
Betancourt, Ernesto F., «*La infrahistoria», en: Jiménez Leal, Orlando, *8-A La realidad invisible*, Miami, Ediciones Universal, 1997.
—— «Cuba's Balance of Payments Gap, the Remittances Scam, Drug Trafficking and Money Laundering», ponencia presentada en la Décima Reunión Anual de la Association for the Study of the Cuban Economy (ASCE), agosto 3-5, 2000, Hotel Biltmore, Coral Gables, Florida
Buckley Jr, William F., *Mongose R.I.P.* [novela], Nueva York, Dell Book, 1987.

Cabrera Infante, Guillermo, *Mea Cuba*, Barcelona, Plaza & Janes, marzo 1993.

Castañeda, Jorge G., *La utopía desarmada. Intrigas, dilemas y promesas de la izquierda en América Latina*, México, Joaquín Mortiz, 1993.

Castro and the Narcotics Connection. Special Report. The Cuban government´s use of narcotics trafficking to finance and promote terrorism. Published by: The Cuban American National Foundation, Washington, D.C. [¿1993?]

Cuba Annual Report 1989. Office of Research & Policy Radio Martí Program. Voice of America. United States Informacion Agency, New Jersey, Transaction Publishers, 1992.

Del Pino, Rafael, *Proa a la libertad*, México, Colección Fábula, 1990.

Eddy, Paul con Hugo Sabogal y Sara Walden, *The Cocaine Wars*, Nueva York, W.W. Norton & Company, 1988.

Encinosa, Enrique, *Cuba en guerra*, The Endowment for Cuban American Studies, junio 1994.

Fermoselle, Rafael, *Cuban Leadership After Castro. Biographies of Cuba´s Top Generals*, Miami, Ediciones Universal, 1987.

—— *The evolution of the Cuban military: 1492-1986*, Miami, Ediciones Universal, 1987.

Franqui, Carlos, *Retrato de familia con Fidel*, Barcelona, Seix Barral, 1981.

—— *Vida, aventuras y desastres de un hombre llamado Castro*, Barcelona, Planeta, 1988.

Fuentes, Norberto, «*Ghostly Blackmail: Vesco, Fidel and Me», en *The Wahington Post*, 06/18/95.

García Márquez, Gabriel, *Noticia de un secuestro*, Santa fé de Bogotá, Norma, mayo 1996.

Geyer, Georgie Anne, *El patriarca de las guerrillas. La historia oculta de Fidel Castro*, Costa Rica, Kosmos Editorial, S.A., 1991.

Guevara, Ernesto Che, *Obras 1957-1967*, La Habana, Casa de las Américas, julio 1970.

Hersh, Seymour M., *The Dark Side of Camelot*, Little, Brown and Company, 1997.

Lorenzo, Orestes, *Wings of the Morning*, translated by E.K. Max, Nueva York, St. Martin´s Press, 1994. Existe la versión en español *Reto de amor*, Costa Rica, Kosmos Editorial, S.A., agosto 1994.

R. May, Ernest D. Zelicow (editores), *The Kennedy Tapes. Inside the White House during the Cuban Missile Crisis*, The Belknap Press of Harvard University Press, 1997.
Moss, Robert y Arnaud De Borchgrave, *Monimbo*, Nueva York, Simon & Schuster, 1983.
Narcotráfico S.A. La nueva guerra del opio. Por un equipo de investigadores de Executive Intelligence Review, Nueva York, The New Benjamin Franklin House, 1985.
Quirk, Robert E., *Fidel Castro*, Nueva York, W.W. Norton & Company, 1993.
Rodríguez, Félix I. y John Weisman, *Shadow Warrior*, Nueva York, Pocket Books, 1990.
Smith, Earl E. T., *The Fourth Floor: An Account of the Castro Comunist Revolution*, Nueva York, Random House, 1962.
Sterling, Claire, *The Terror Network. The Secret War of International Terrorism*, Nueva York, Holt, Rinehart and Winston, 1981.
Szulk, Tad, *Fidel. A Critical Portrait*, Nueva York, William Morrow and Company, 1986.
Vázquez Montalbán, Manuel, *Dios entró en La Habana*, Madrid, Ediciones El País, 1998.

PUBLICACIONES

ABC (Madrid), *Aquí la Iglesia* (Cuba), *Civilization, Cuba Internacional, Directorio Turístico de Cuba, Guns & Ammo, Guns Magazine, Intelligence Report, Juventud Rebelde* (Cuba), *Literatura Soviética, The Miami Herald, The New Republic, The New York Review of Books, The New Yorker, El Nuevo Herald, El País* (Madrid), *Phoenix* (Miami), *Prisma Latinoamericano* (Cuba), *Punto de Mira* (Miami), *Qué Pasa* (Chile), *Sol y Son* (Cuba), *Soldier of Fortune, Tropic* (suplemento de *The Miami Herald*), *Washington Times*.

Ediciones especialmente útiles

The New York Review of Books, 12/7/89. Con la historia «The Trial that Shook Cuba», de Julia Preston.
Tropic (*The Miami Herald*), 10/20/91. Con la historia «Mission Improbable», de Jeff Leen.
Aquí la Iglesia. Boletín Mensual, No. 23, 7-8/89. Con el artículo «La pena de muerte» explicativo del rechazo de la jerarquía católica cubana al fusilamiento de Ochoa, Tony y los otros dos compañeros.

Glosario

CIM: Contrainteligencia Militar.

CIMEX (corporación de Importaciones y Exportaciones S.A.): Empresa de fachada supuestamente panameña creada por el Ministerio del Interior hacia 1978-79 por órdenes del comandante Ramiro Valdés; conocida regularmente por los entendidos como «La Corporación» o «Tercera y Ocho» por su dirección –en el Municipio Playa– en la que se halla su sede (Calle 8 No. 303 e/ 3ra y 5ta. Ave.), en una de las costosas mansiones abandonadas por la burguesía habanera y remozada por la Revolución a finales de los 70 para ponerla a producir a su favor.

DAAFAR: Defensa Antiaérea y Fuerza Aérea Revolucionaria.

DGI: Dirección General de Inteligencia.

DGOE: Dirección General de Operaciones Especiales del Ministerio del Interior, comúnmente conocida como «Tropas Especiales» o simplemente «Tropas». Cuba es uno de los pocos países en que fuerzas esencialmente militares, como son las Tropas Especiales, están fuera de la esfera del Ministerio de Defensa.

DSE: Departamento de Seguridad del Estado, también conocido como G-2, el supuesto servicio de contrainteligencia del país creado para luchar contra la CIA y la contrarrevolución pero que desde sus inicios concentró sus esfuerzos en un programa de control y represión política que abarca todas las esferas de las actividades sociales y económicas del país, y nada escapa a su escrutinio.

FAR: Fuerzas Armadas Revolucionarias.

MC: departamento encargado de relaciones y transacciones comerciales «en áreas afectadas por el bloqueo imperialista» subordinado --aunque sólo teóricamente-- a la Dirección «Z» de la DGI.

MEMCA: Misión Especial del Ministerio del Interior de Cuba en Angola.

MINFAR: Ministerio de las Fuerzas Armadas Revolucionarias, el ministerio de defensa cubano, al que se subordinan los tres ejércitos del país (Occidental, Central y Oriental, y en épocas de la guerra de Angola el llamado Cuarto Ejército, que era la poderosa fuerza cubana desplegada allí), los cuerpos de ejército independientes, aviación y defensa antiaérea (DAAFAR), marina (MGR) y la Brigada Fronteriza desplegada en los alrededores de la Base Naval norteamericana de Guantánamo.

MININT: Ministerio del Interior, al que se subordinan los servicios de contrainteligencia (DSE), inteligencia (DGI), Seguridad Personal, Tropas Especiales (o DGOE), bomberos, guardafronteras (una especie de servicio de guardacostas), policía y prisiones.

TOM: las siglas que emplean los mandos militares cubanos por Teatro de Operaciones Militares. Por ejemplo, el teatro de operaciones del Cuarto Ejército se llamaba «TOM Angola».

NORBERTO FUENTES se inicia como escritor en la Sierra del Escambray, durante la llamada Lucha Contra Bandidos. Su libro *Condenados de Condado,* crítico del Ejército Rebelde, le ganó el premio Casa de las Américas y caer en desgracia junto a Heberto Padilla. Acaba en la ganadería. Cuando el caso Padilla hace crisis, se niega a la autocrítica, y atrae la atención de Fidel Castro como escritor dispuesto a participar en acciones para obtener material para sus libros. Vuelve a la vida literaria en el Ministerio de Cultura, donde le asignan el tema Hemingway, lo que resulta en dos libros: *Hemingway en Cuba* y *Reencuentro con Ernest Hemingway.*

Pasa a ser un «insider» del gobierno, con acceso directo por mucho tiempo a los dos hermanos Castro y a otros altos jerarcas del Partido, el MININT y el MINFAR. Se le asigna un *penthouse* en el edificio de apartamentos de los generales. Sirve en Angola en 1981 y 1982, ostentando dos medallas por servicio como combatiente internacionalista y fue miembro pleno de la delegación cubana para negociar el fin del conflicto en ese país. En marzo de 1989 es puesto bajo vigilancia por los servicios de Seguridad junto con otros colaboradores y amigos de Tony de la Guardia.

Para suerte de Fuentes, aparentemente Fidel y Raúl habían decidido que fusilar a un escritor daba una dimensión mucho más amplia al caso de la que ellos querían transmitir. Lo único que querían en cuanto a Norberto Fuentes era silenciarlo. Se le juzgó en ausencia y se le condenó a cinco años de localización dentro de Cuba. Trató de abandonar la isla ilegalmente y fue capturado. Acudió a sus escritores amigos. Uno de ellos, William Kennedy, gestionó una invitación del PEN American Center. El permiso de salida le fue negado. Se declaró en huelga de hambre y apeló a su amistad con el premio Nobel Gabriel García Márquez. En esos momentos, William Styron, a la sazón Presidente del PEN, estaba concertando una cena privada entre el Presidente Bill Clinton y Gabriel García Márquez en su residencia en Martha's Vineyard. García Márquez viajó a Cuba en el avión privado del Presidente Carlos Salinas de Gortari para recoger a Norberto Fuentes, dejándolo en Cancún, y siguiendo vuelo hacia el norte para asistir a la cena con el presidente Clinton.

En su libro *México: un paso difícil a la modernidad,* Carlos Salinas de Gortari menciona la anécdota del viaje de García Márquez con el escritor cubano y la advertencia de Castro: «Gabo, te vas a arrepentir.» Como puede apreciar el lector de estas notas, Castro es el que ya debe estar arrepentido.

ERNESTO BETANCOURT representó en Washington al Movimiento «26 de Julio» de 1957 a 1958. Al triunfo de la Revolución, en 1959, se incorpora al Banco Nacional como Director del Fondo de Estabilización de la Moneda y Director del Banco de Comercio Exterior. Renuncia en ese mismo año, ante el arresto del comandante Huber Matos y la designación del Che Guevara para presidir esa institución.

De regreso a Washington, se incorpora a la Secretaría de la OEA y participa en el lanzamiento y organización de la Alianza para el Progreso. Ha trabajado como consultor en reforma del Estado y del sector publico en América Latina y el Caribe. Fue el primer Director y organizador de *Radio Martí*. Autor de numerosos ensayos sobre la Revolución cubana y del libro Revolutionary *Strategy, A Hand Book for Practitioners*, publicado por Transaction Publishers en 1991 y recientemente *De la Patria de uno a la Patria de Todos, como encarar el reto de la reforma institucional durante la transición en Cuba*, publicado por Ediciones Universal.

Visiten la página electrónica:
www.norbertofuentes.com

Otros libros publicados por EDICIONES UNIVERSAL en la
COLECCIÓN CUBA Y SUS JUECES

- 0359-6 CUBA EN 1830, Jorge J. Beato & Miguel F. Garrido
- 044-5 LA AGRICULTURA CUBANA (1934-1966), Oscar A. Echevarría Salvat
- 045-3 LA AYUDA CUBANA A LA LUCHA POR LA INDEPENDENCIA NORTEAMERICANA, Eduardo J. Tejera
- 046-1 CUBA Y LA CASA DE AUSTRIA, Nicasio Silverio Saínz
- 048-8 CUBA, CONCIENCIA Y REVOLUCIÓN, Luis Aguilar León
- 049-6 TRES VIDAS PARALELAS, Nicasio Silverio Saínz
- 051-8 RAÍCES DEL ALMA CUBANA, Florinda Alzaga
- 118-2 EL ARTE EN CUBA, Martha de Castro
- 119-0 JALONES DE GLORIA MAMBISA, Juan J.E. Casasús
- 123-9 HISTORIA DEL PARTIDO COMUNISTA DE CUBA, Jorge García Montes y Antonio Alonso Avila
- 131-X EN LA CUBA DE CASTRO (APUNTES DE UN TESTIGO), Nicasio Silverio Saínz
- 1336-2 ANTECEDENTES DESCONOCIDOS DEL 9 DE ABRIL Y LOS PROFETAS DE LA MENTIRA, Ángel Aparicio Laurencio
- 136-0 EL CASO PADILLA: LITERATURA Y REVOLUCIÓN EN CUBA Lourdes Casal
- 139-5 JOAQUÍN ALBARRÁN, ENSAYO BIOGRÁFICO, Raoul García
- 157-3 VIAJANDO POR LA CUBA QUE FUE LIBRE, Josefina Inclán
- 165-4 VIDAS CUBANAS - CUBAN LIVES.- VOL. I., José Ignacio Lasaga
- 205-7 VIGENCIA POLÍTICA Y LITERARIA DE MARTÍN MORÚA DELGADO, Aleyda T. Portuondo
- 205-7 CUBA, TODOS CULPABLES, Raul Acosta Rubio
- 207-3 MEMORIAS DE UN DESMEMORIADO -Leña para el fuego de la historia de Cuba, José R. García Pedrosa
- 211-1 HOMENAJE A FÉLIX VARELA, Sociedad Cubana de Filosofía
- 212-X EL OJO DEL CICLÓN, Carlos Alberto Montaner
- 220-0 ÍNDICE DE LOS DOCUMENTOS Y MANUSCRITOS DELMONTINOS, Enildo A. García
- 240-5 AMÉRICA EN EL HORIZONTE. UNA PERSPECTIVA CULTURAL, Ernesto Ardura
- 243-X LOS ESCLAVOS Y LA VIRGEN DEL COBRE, Leví Marrero
- 262-6 NOBLES MEMORIAS, Manuel Sanguily
- 274-X JACQUES MARITAIN Y LA DEMOCRACIA CRISTIANA, José Ignacio Rasco
- 283-9 CUBA ENTRE DOS EXTREMOS, Alberto Muller
- 298-7 CRITICA AL PODER POLÍTICO, Carlos M. Méndez
- 293-6 HISTORIA DE LA ODONTOLOGÍA EN CUBA. VOL.I: (1492-1898), César A. Mena
- 310-X HISTORIA DE LA ODONTOLOGÍA EN CUBA VOL.II: (1899-1940), César A. Mena
- 311-8 HISTORIA DE LA ODONTOLOGÍA EN CUBA VOL.III:(1940-1958), César A. Mena
- 344-4 HISTORIA DE LA ODONTOLOGÍA EN CUBA VOL IV:(1959-1983), César A. Mena
- 3122-0 RELIGIÓN Y POLÍTICA EN LA CUBA DEL SIGLO XIX (EL OBISPO ESPADA), Miguel Figueroa y Miranda
- 313-4 EL MANIFIESTO DEMÓCRATA, Carlos M. Méndez
- 314-2 UNA NOTA DE DERECHO PENAL, Eduardo de Acha
- 319-3 MARTÍ EN LOS CAMPOS DE CUBA LIBRE, Rafael Lubián
- 320-7 LA HABANA, Mercedes Santa Cruz (Condesa de Merlín)
- 328-2 OCHO AÑOS DE LUCHA - MEMORIAS, Gerardo Machado y Morales
- 340-1 PESIMISMO, Eduardo de Acha
- 347-9 EL PADRE VARELA. Biografía del forjador de la conciencia cubana, Antonio Hernández-Travieso

353-3	LA GUERRA DE MARTÍ (La lucha de los cubanos por la independencia), Pedro Roig
354-1	EN LA REVOLUCIÓN DE MARTÍ, Rafael Lubián y Arias
358-4	EPISODIOS DE LAS GUERRAS POR LA INDEPENDENCIA DE CUBA, Rafael Lubián y Arias
361-4	EL MAGNETISMO DE JOSÉ MARTÍ, Fidel Aguirre
364-9	MARXISMO Y DERECHO, Eduardo de Acha
367-3	¿HACIA DONDE VAMOS? (Radiografía del presente cubano), Tulio Díaz Rivera
368-1	LAS PALMAS YA NO SON VERDES (Análisis y testimonios de la tragedia cubana) Juan Efe Noya
374-6	GRAU: ESTADISTA Y POLÍTICO (Cincuenta años de la Historia de Cuba), Antonio Lancís
376-2	CINCUENTA AÑOS DE PERIODISMO, Francisco Meluzá Otero
379-7	HISTORIA DE FAMILIAS CUBANAS I-VI, Francisco Xavier de Santa Cruz y Mallén
380-0	HISTORIA DE FAMILIAS CUBANAS VI, Francisco Xavier de Santa Cruz y Mallén
408-4	HISTORIA DE FAMILIAS CUBANAS VIII, Francisco Xavier de Santa Cruz y Mallén
409-2	HISTORIA DE FAMILIAS CUBANAS IX, Francisco Xavier de Santa Cruz y Mallén
383-5	CUBA: DESTINY AS CHOICE, Wifredo del Prado
387-8	UN AZUL DESESPERADO, Tula Martí
392-4	CALENDARIO MANUAL Y GUÍA DE FORASTEROS DE LA ISLA DE CUBA
393-2	LA GRAN MENTIRA, Ricardo Adám y Silva
403-3	APUNTES PARA LA HISTORIA. RADIO, TELEVISIÓN Y FARÁNDULA DE LA CUBA DE AYER..., Enrique C. Betancourt
407-6	VIDAS CUBANAS II/CUBAN LIVES II, José Ignacio Lasaga
411-4	LOS ABUELOS: HISTORIA ORAL CUBANA, José B. Fernández
413-0	ELEMENTOS DE HISTORIA DE CUBA, Rolando Espinosa
414-9	SÍMBOLOS - FECHAS - BIOGRAFÍAS, Rolando Espinosa
418-1	HECHOS Y LEGITIMIDADES CUBANAS. Un planteamiento Tulio Díaz Rivera
425-4	A LA INGERENCIA EXTRAÑA LA VIRTUD DOMÉSTICA (biografía de Manuel Márquez Sterling), Carlos Márquez Sterling
426-2	BIOGRAFÍA DE UNA EMOCIÓN POPULAR: EL DR. GRAU, Miguel Hernández-Bauzá
428-9	THE EVOLUTION OF THE CUBAN MILITARY (1492-1986), Rafael Fermoselle
431-9	MIS RELACIONES CON MÁXIMO GÓMEZ, Orestes Ferrara
436-X	ALGUNOS ANÁLISIS (El terrorismo, Derecho Internacional), Eduardo de Acha
437-8	HISTORIA DE MI VIDA, Agustín Castellanos
443-2	EN POS DE LA DEMOCRACIA ECONÓMICA, Varios
450-5	VARIACIONES EN TORNO A DIOS, EL TIEMPO, LA MUERTE Y OTROS TEMAS, Octavio R. Costa
451-3	LA ULTIMA NOCHE QUE PASE CONTIGO (40 AÑOS DE FARÁNDULA CUBANA/1910-1959), Bobby Collazo
458-0	CUBA: LITERATURA CLANDESTINA, José Carreño
459-9	50 TESTIMONIOS URGENTES, José Carreño y otros
461-0	HISPANIDAD Y CUBANIDAD, José Ignacio Rasco
466-1	CUBAN LEADERSHIP AFTER CASTRO, Rafael Fermoselle
483-1	JOSÉ ANTONIO SACO, Anita Arroyo
490-4	HISTORIOLOGÍA CUBANA I (1492-1998), José Duarte Oropesa
2580-8	HISTORIOLOGÍA CUBANA II (1998-1944), José Duarte Oropesa
2582-4	HISTORIOLOGÍA CUBANA III (1944-1959), José Duarte Oropesa
502-1	MAS ALLÁ DE MIS FUERZAS, William Arbelo
508-0	LA REVOLUCIÓN, Eduardo de Acha
510-2	GENEALOGÍA, HERÁLDICA E HISTORIA DE NUESTRAS FAMILIAS, Fernando R de Castro y de Cárdenas
514-5	EL LEÓN DE SANTA RITA, Florencio García Cisneros

516-1	EL PERFIL PASTORAL DE FÉLIX VARELA, Felipe J. Estévez
518-8	CUBA Y SU DESTINO HISTÓRICO. Ernesto Ardura
520-X	APUNTES DESDE EL DESTIERRO, Teresa Fernández Soneira
524-2	OPERACIÓN ESTRELLA, Melvin Mañón
532-3	MANUEL SANGUILY. HISTORIA DE UN CIUDADANO, Octavio R. Costa
538-2	DESPUÉS DEL SILENCIO, Fray Miguel Angel Loredo
540-4	FUSILADOS, Eduardo de Acha
551-X	¿QUIEN MANDA EN CUBA? Las estructuras del poder. La élite, Manuel Sánchez Pérez
553-6	EL TRABAJADOR CUBANO EN EL ESTADO DE OBREROS Y CAMPESINOS, Efrén Córdova
558-7	JOSÉ ANTONIO SACO Y LA CUBA DE HOY, Ángel Aparicio
7886-3	MEMORIAS DE CUBA, Oscar de San Emilio
566-8	SIN TIEMPO NI DISTANCIA, Isabel Rodríguez
569-2	ELENA MEDEROS (Una mujer con perfil para la historia), María Luisa Guerrero
577-3	ENRIQUE JOSÉ VARONA Y CUBA, José Sánchez Boudy
586-2	SEIS DÍAS DE NOVIEMBRE, Byron Miguel
588-9	CONVICTO, Francisco Navarrete
589-7	DE EMBAJADORA A PRISIONERA POLÍTICA: ALBERTINA O'FARRILL, Víctor Pino Llerovi
590-0	REFLEXIONES SOBRE CUBA Y SU FUTURO, Luis Aguilar León
592-7	DOS FIGURAS CUBANAS Y UNA SOLA ACTITUD (Varela-Mañach), Rosario Rexach
598-6	II ANTOLOGÍA DE INSTANTÁNEAS, Octavio R. Costa
600-1	DON PEPE MORA Y SU FAMILIA, Octavio R. Costa
603-6	DISCURSOS BREVES, Eduardo de Acha
606-0	LA CRISIS DE LA ALTA CULTURA EN CUBA - INDAGACIÓN DEL CHOTEO, Jorge Mañach (Ed. de Rosario Rexach)
608-7	VIDA Y MILAGROS DE LA FARÁNDULA DE CUBA, Rosendo Rosell
617-6	EL PODER JUDICIAL EN CUBA, Vicente Viñuela
620-6	TODOS SOMOS CULPABLES, Guillermo de Zéndegui
621-4	LUCHA OBRERA DE CUBA, Efrén Naranjo
623-0	HISTORIOLOGÍA CUBANA IV, José Duarte Oropesa
624-9	HISTORIA DE LA MEDICINA EN CUBA I: HOSPITALES Y CENTROS BENÉFICOS EN CUBA COLONIAL, César A. Mena y Armando F. Cobelo
626-5	LA MÁSCARA Y EL MARAÑÓN (La identidad nacional cubana), Lucrecia Artalejo
639-7	EL HOMBRE MEDIO, Eduardo de Acha
644-3	LA ÚNICA RECONCILIACIÓN NACIONAL ES LA RECONCILIACIÓN CON LA LEY, José Sánchez-Boudy
645-1	FÉLIX VARELA: ANÁLISIS DE SUS IDEAS POLÍTICAS, Juan P. Esteve
646-X	HISTORIA DE LA MEDICINA EN CUBA II, César A. Mena y Armando A. Cobelo
647-8	REFLEXIONES SOBRE CUBA Y SU FUTURO, (2ª ed.aumentada), Luis Aguilar León
648-6	DEMOCRACIA INTEGRAL, Instituto de Solidaridad Cristiana
652-4	ANTIRREFLEXIONES, Juan Alborná-Salado
664-8	UN PASO AL FRENTE, Eduardo de Acha
668-0	VIDA Y MILAGROS DE LA FARÁNDULA DE CUBA II, Rosendo Rosell
623-0	HISTORIOLOGÍA CUBANA IV, José Duarte Oropesa
646-X	HISTORIA DE LA MEDICINA EN CUBA II, César A. Mena
679-6	LOS SEIS GRANDES ERRORES DE MARTÍ, Daniel Román
680-X	¿POR QUÉ FRACASÓ LA DEMOCRACIA EN CUBA?, Luis Fernández-Caubí
682-6	IMAGEN Y TRAYECTORIA DEL CUBANO EN LA HISTORIA I (1492-1902), Octavio R. Costa
683-4	IMAGEN Y TRAYECTORIA DEL CUBANO EN LA HISTORIA II (1902-1959), Octavio R. Costa

689-3	A CUBA LE TOCÓ PERDER, Justo Carrillo	
690-7	CUBA Y SU CULTURA, Raúl M. Shelton	
702-4	NI CAÍDA, NI CAMBIOS, Eduardo de Acha	
703-2	MÚSICA CUBANA: DEL AREYTO A LA NUEVA TROVA, Cristóbal Díaz Ayala	
706-7	BLAS HERNÁNDEZ Y LA REVOLUCIÓN CUBANA DE 1933, Ángel Aparicio	
713-X	DISIDENCIA, Ariel Hidalgo	
715-6	MEMORIAS DE UN TAQUÍGRAFO, Angel V. Fernández	
716-4	EL ESTADO DE DERECHO, Eduardo de Acha	
718-0	CUBA POR DENTRO (EL MININT), Juan Antonio Rodríguez Menier	
719-9	DETRÁS DEL GENERALÍSIMO (Biografía de Bernarda Toro de Gómez «Manana»), Ena Curnow	
721-0	CUBA CANTA Y BAILA (Discografía cubana), Cristóbal Díaz Ayala	
723-7	YO, EL MEJOR DE TODOS (Biografía no autorizada del Che Guevara), Roberto Luque Escalona	
727-X	MEMORIAS DEL PRIMER CONGRESO DEL PRESIDIO POLÍTICO CUBANO, Manuel Pozo	
730-X	CUBA: JUSTICIA Y TERROR, Luis Fernández-Caubí	
737-7	CHISTES DE CUBA, Arly	
738-5	PLAYA GIRÓN: LA HISTORIA VERDADERA, Enrique Ros	
739-3	FILOSOFÍA DEL CUBANO Y DE LO CUBANO, José Sánchez-Boudy	
740-7	CUBA: VIAJE AL PASADO, Roberto A. Solera	
743-1	MARTA ABREU, UNA MUJER COMPRENDIDA, Pánfilo D. Camacho	
745-8	CUBA: ENTRE LA INDEPENDENCIA Y LA LIBERTAD, Armando P. Ribas	
746-8	A LA OFENSIVA, Eduardo de Acha	
747-4	LA HONDA DE DAVID, Mario Llerena	
752-0	24 DE FEBRERO DE 1895: La fecha-las raíces-los hombres, Jorge Castellanos	
753-9	CUBA ARQUITECTURA Y URBANISMO, Felipe J. Préstamo	
754-7	VIDA Y MILAGROS DE LA FARÁNDULA DE CUBA III, Rosendo Rosell	
756-3	LA SANGRE DE SANTA ÁGUEDA (Angiolillo-Betances-Cánovas), Frank Fernández	
760-1	ASÍ ERA CUBA (Como hablábamos, sentíamos y actuábamos), Daniel Román	
765-2	CLASE TRABAJADORA Y MOVIMIENTO SINDICAL EN CUBA I (1819-1959), Efrén Córdova	
766-0	CLASE TRABAJADORA Y MOVIMIENTO SINDICAL EN CUBA II (1959-1996), Efrén Córdova	
768-7	LA INOCENCIA DE LOS BALSEROS, Eduardo de Acha	
773-3	DE GIRÓN A LA CRISIS DE LOS COHETES: LA SEGUNDA DERROTA, Enrique Ros	
779-2	ALPHA 66 Y SU HISTÓRICA TAREA, Miguel L. Talleda	
786-5	POR LA LIBERTAD DE CUBA (Resistencia, exilio y regreso), Néstor Carbonell Cortina	
792-X	CRONOLOGÍA MARTIANA, Delfín Rodríguez Silva	
794-6	CUBA HOY (la lenta muerte del castrismo), Carlos Alberto Montaner	
795-4	LA LOCURA DE FIDEL CASTRO, Gustavo Adolfo Marín	
796-2	MI INFANCIA EN CUBA: LO VISTO Y LO VIVIDO POR UNA NIÑA CUBANA DE DOCE AÑOS, Cosette Alves Carballosa	
798-9	APUNTES SOBRE LA NACIONALIDAD CUBANA, Luis Fernández-Caubí	
803-9	AMANECER. HISTORIAS DEL CLANDESTINAJE (La lucha de la resistencia contra Castro dentro de Cuba, Rafael A. Aguirre Rencurrell	
804-7	EL CARÁCTER CUBANO (Apuntes para un ensayo de Psicología Social), Calixto Masó y Vázquez	
805-5	MODESTO M. MORA, M.D. LA GESTA DE UN MÉDICO, Octavio R. Costa	
808-X	RAZÓN Y PASIÓN (Veinticinco años de estudios cubanos), Instituto de Estudios Cubanos	
814-4	AÑOS CRÍTICOS: Del camino de la acción al camino del entendimiento, Enrique Ros	

820-9	VIDA Y MILAGROS DE LA FARÁNDULA CUBANA. Tomo IV, Rosendo Rosell
823-3	JOSÉ VARELA ZEQUEIRA (1854-1939); Su obra científico-literaria, Beatriz Varela
828-4	BALSEROS: Historia oral del éxico cubano del '94 / Oral History of the Cuban Exodus of '94, Felicia Guerra y Tamara Álvarez-Detrell
831-4	CONVERSANDO CON UN MÁRTIR CUBANO: CARLOS GONZÁLEZ VIDAL, Mario Pombo Matamoros
832-2	TODO TIENE SU TIEMPO, Luis Aguilar León
838-1	8-A: LA REALIDAD INVISIBLE, Orlando Jiménez-Leal
840-3	HISTORIA ÍNTIMA DE LA REVOLUCIÓN CUBANA, Ángel Pérez Vidal
841-1	VIDA Y MILAGROS DE LA FARÁNDULA CUBANA / Tomo V, Rosendo Rosell
848-9	PÁGINAS CUBANAS tomo I, Hortensia Ruiz del Vizo
851-2	APUNTES DOCUMENTADOS DE LA LUCHA POR LA LIBERTAD DE CUBA, Alberto Gutiérrez de la Solana
860-8	VIAJEROS EN CUBA (1800-1850), Otto Olivera
861-6	GOBIERNO DEL PUEBLO: Opción para un nuevo siglo, Gerardo E. Martínez-Solanas
862-4	UNA FAMILIA HABANERA, Eloísa Lezama Lima
866-7	NATUMALEZA CUBANA, Carlos Wotzkow
868-3	CUBANOS COMBATIENTES: peleando en distintos frentes, Enrique Ros
869-1	QUE LA PATRIA SE SIENTA ORGULLOSA (Memorias de una lucha sin fin), Waldo de Castroverde
870-5	EL CASO CEA: intelectuales e inquisodres en Cuba ¿Perestroika en la Isla?, Maurizio Giuliano
874-8	POR AMOR AL ARTE (Memorias de un teatrista cubano 1940-1970), Francisco Morín
875-6	HISTORIA DE CUBA, Calixto C. Masó Nueva edición al cuidado de Leonel de la Cuesta, ampliada con índices y cronología hasta 1992.
876-4	CUBANOS DE DOS SIGLOS: XIX y XX. Ensayistas y críticos, Elio Alba Buffill
880-2	ANTONIO MACEO GRAJALES: EL TITÁN DE BRONCE, José Mármol
882-9	EN TORNO A LA CUBANÍA (estudios sobre la idiosincrasia cubana), Ana María Alvarado
886-1	ISLA SIN FIN (Contribución a la crítica del nacionalismo cubano), Rafael Rojas
891-8	MIS CUATRO PUNTOS CARDINALES, Luis Manuel Martínez
895-0	MIS TRES ADIOSES A CUBA (DIARIO DE DOS VIAJES), Ani Mestre
901-9	40 AÑOS DE REVOLUCIÓN CUBANA (El legado de Castro), Efrén Córdova Ed.
907-8	MANUAL DEL PERFECTO SINVERGÜENZA, Tom Mix (José M. Muzaurieta)
908-6	LA AVENTURA AFRICANA DE FIDEL CASTRO, Enrique Ros
910-8	MIS RELACIONES CON EL GENERAL BATISTA, Roberto Fernández Miranda
912-4	ESTRECHO DE TRAICIÓN, Ana Margarita Martínez y Diana Montané
915-9	GUERRAS ALCALDICIAS (La lucha por la alcaldía de Miami / 1980 a 2000), Antonio R. Zamora
922-1	27 DE NOVIEMBRE DE 1871. FUSILAMIENTO DE OCHO ESTUDIANTES DE MEDICINA, William A. Fountain
926-4	GUANTÁNAMO Y GITMO (Base naval de los Estados Unidos en Guantánamo), López Jardo
929-9	EL GARROTE EN CUBA, Manuel B. López Valdés (Edición de Humberto López Cruz)
931-0	EL CAIMÁN ANTE EL ESPEJO. Un ensayo de interpretación de lo cubano, Uva de Aragón (segunda edición revisada y ampliada)
934-5	MI VIDA EN EL TEATRO, María Julia Casanova
937-x	EL TRABAJO FORZOSO EN CUBA, Efrén Córdova
939-6	CASTRO Y LAS GUERRILLAS EN LATINOAMÉRICA, Enrique Ros
942-6	TESTIMONIOS DE UN REBELDE (Episodios de la Revolución Cubana 1944-1963), Orlando Rodríguez Pérez
944-2	DE LA PATRIA DE UNO A LA PATRIA DE TODOS, Ernesto F. Betancourt
945-0	CRONOLOGÍA HISTÓRICA DE CUBA (1492-2000), Manuel Fernández Santalices.
946-9	BAJO MI TERCA LUCHA CON EL TIEMPO. MEMORIAS 1915-2000, Octavio R. Costa
949-3	MEMORIA DE CUBA, Julio Rodríguez-Luis

951-8	LUCHAS Y COMBATES POR CUBA (MEMORIAS), José Enrique Dausá
952-3	ELAPSO TEMPORE, Hugo Consuegra
953-1	JOSÉ AGUSTÍN QUINTERO: UN ENIGMA HISTÓRICO EN EL EXILIO CUBANO DEL OCHOCIENTOS, Jorge Marbán
955-8	NECESIDAD DE LIBERTAD (ensayos-artículos-entrevistas-cartas), Reinaldo Arenas
957-4	LOS GRANDES DEBATES DE LA CONSTITUYENTE CUBANA DE 1940, Edición y selección de Néstor Carbonell Cortina
965-5	PERSONALIDADES DE LA HISTORIA DE CUBA, Octavio R. Costa
967-1	HISTORIA DE LA VILLA DE SAGUA LA GRANDE Y SU JURISDICCIÓN, Antonio Miguel Alcover y Beltrán (Documentos-apuntes-reseñas-monografías-consideraciones) Reedición facsímil de la edición de 1905)
968-x	AMÉRICA Y FIDEL CASTRO, Américo Martín
974-4	CONTRA EL SACRIFICIO / DEL CAMARADA AL BUEN VECINO / Una polémica filosófica para el siglo XXI, Emilio Ichikawa
975-2	VOLVIENDO LA CABEZA (memorias), César Leante
979-5	CENTENARIO DE LA REPÚBLICA CUBANA (1902-2002), William Navarrete y Javier de Castro Mori, Editores.
980-9	HUELLAS DE MI CUBANÍA, José Ignacio Rasco
982-5	INVENCIÓN POÉTICA DE LA NACIÓN CUBANA, Jorge Castellanos
980-9	HUELLAS DE MI CUBANÍA, José Ignacio Rasco
982-5	INVENCIÓN POÉTICA DE LA NACIÓN CUBANA, Jorge Castellanos
983-3	CUBA: EXILIO Y CULTURA. / MEMORIA DEL CONGRESO DEL MILENIO, Asociación Nacional de Educadores Cubano-Americanos y Herencia Cultural Cubana Julio Hernández-Miyares, Gastón Fernández de la Torriente y Leonardo Fernández Marcané, Editores
987-6	NARCOTRÁFICO Y TAREAS REVOLUCIONARIAS. EL CONCEPTO CUBANO, Norberto Fuentes
988-4	ERNESTO CHE GUEVARA: MITO Y REALIDAD, Enrique Ros

www.ingramcontent.com/pod-product-compliance
Lightning Source LLC
Chambersburg PA
CBHW020058020526
44112CB00031B/295